MARKETING 4.0

MARKETING 4.0

DO TRADICIONAL AO DIGITAL

PHILIP KOTLER
HERMAWAN KARTAJAYA
IWAN SETIAWAN

SEXTANTE

Título original: *Marketing 4.0*

tradução
Ivo Korytowski

preparo de originais
Raïtsa Leal

revisão
Luis Américo Costa e Tereza da Rocha

projeto gráfico e diagramação
DTPhoenix Editorial

capa
Wiley

imagem da capa
© Stanislaw Pytel/Getty Images

adaptação de capa
Ana Paula Daudt Brandão

impressão e acabamento
Cromosete Gráfica e Editora S/A

CIP-BRASIL. CATALOGAÇÃO NA PUBLICAÇÃO
SINDICATO NACIONAL DOS EDITORES DE LIVROS, RJ

K88m Kotler, Philip
Marketing 4.0/ Philip Kotler, Hermawan Kartajaya, Iwan Setiawan; tradução de Ivo Korytowski. Rio de Janeiro: Sextante, 2017.
208 p.: il.; 16 x 23 cm.

Tradução de: Marketing 4.0
ISBN 978-85-431-0533-8

1. Marketing. 2. Economia digital. 3. Relações humanas. I. Kartajaya, Hermawan. II. Setiawan, Iwan. III. Título.

CDD: 658.8
17-42561 CDU: 658.8

GMT Editores Ltda.
Rua Voluntários da Pátria, 45 – 14º andar – Botafogo
22270-000 – Rio de Janeiro – RJ
Tel.: (21) 2538-4100
E-mail: atendimento@sextante.com.br
www.sextante.com.br

À próxima geração de profissionais de marketing e economistas comportamentais, que irá aprimorar as contribuições econômicas, sociais e ambientais que o marketing promove para o bem-estar das pessoas e do planeta.

— Philip Kotler

Ao presidente Joko Widodo, Marqueteiro do Ano da Indonésia, mandato 2010-2012, considerado "uma nova esperança" pela revista Time *(27 de outubro de 2014).*

— Hermawan Kartajaya

À minha família, aos meus amigos e a todos aqueles ao meu redor que se tornaram meu fator social e fizeram de mim um ser humano melhor.

— Iwan Setiawan

Sumário

Parte II

NOVOS MODELOS PARA O MARKETING NA ECONOMIA DIGITAL

Parte III

APLICAÇÕES TÁTICAS DE MARKETING NA ECONOMIA DIGITAL

PREFÁCIO

Do *Marketing 3.0* ao *Marketing 4.0*

Nos últimos seis anos, ouvimos profissionais de marketing do mundo inteiro nos pedirem uma continuação para *Marketing 3.0*. Considerando a dinâmica do marketing, seria de esperar que *Marketing 4.0* estivesse em desenvolvimento.

Em *Marketing 3.0* conversamos sobre a grande mudança do marketing centrado no produto (1.0) para o marketing voltado para o consumidor (2.0) e, por fim, para o marketing centrado no ser humano (3.0). Em *Marketing 3.0* observamos consumidores transformando-se em seres humanos plenos, com mente, coração e espírito. Portanto, argumentamos que o futuro do marketing reside em criar produtos, serviços e culturas empresariais que adotem e reflitam valores humanos. Desde que o livro foi publicado, em 2010, muitos profissionais de marketing vêm adotando os princípios de *Marketing 3.0*. O livro recebeu tanta aceitação universal que foi traduzido para 24 línguas e publicado em diversos países.

Um ano após o lançamento, construímos o Museu do Marketing 3.0 em Ubud, Bali. O museu foi construído com o gentil apoio dos três príncipes de Ubud: Tjokorda Gde Putra Sukawati, Tjokorda Gde Oka Sukawati e Tjokorda Gde Raka Sukawati. Ubud, com sua aura de espiritualidade, é de fato o lugar perfeito para o primeiro museu de marketing desse tipo. Lá, temos sido curadores de casos inspiradores de profissionais de marketing, empresas e campanhas que incorporam o espírito humano. Os conteúdos são organizados em uma moderna instalação multitelas. Nos últimos anos, o museu foi aprimorado com a utilização de tecnologias de ponta como realidade aumentada e realidade virtual.

De fato, muita coisa aconteceu desde que escrevemos *Marketing 3.0*, especialmente em termos de avanços tecnológicos. As tecnologias que estamos vendo agora não são novas, mas vêm convergindo nos últimos anos, e o impacto coletivo dessa convergência tem afetado muito as práticas de marketing ao redor do mundo. Novas tendências estão emergindo disso: a economia "compartilhada", a economia do "agora", integração onicanal, marketing de conteúdo, CRM social e muitas outras coisas.

Acreditamos que a convergência tecnológica acabará levando à convergência entre o marketing digital e o marketing tradicional. Em um mundo altamente tecnológico, as pessoas anseiam por um envolvimento profundo. Quanto mais sociais somos, mais queremos coisas feitas sob medida para nós. Respaldados pela análise de big data (coleta, processamento e análise de megadados), os produtos tornam-se mais personalizados e os serviços, mais pessoais. Na economia digital, o segredo é alavancar esses paradoxos.

Nesta era de transição, uma nova abordagem de marketing é necessária. Assim, apresentamos *Marketing 4.0* como o desdobramento natural de *Marketing 3.0*. A grande premissa deste livro é que o marketing deve se adaptar à natureza mutável dos caminhos do consumidor na economia digital. O papel dos profissionais de marketing é guiar os clientes por sua jornada desde o estágio de assimilação até se tornarem advogados (defensores ou embaixadores) da marca.

A primeira parte deste livro é o resultado de nossa observação do mundo em que estamos vivendo. Começamos adotando as três mudanças de poder que estão moldando nosso mundo. Seguimos explorando como a conectividade alterou de forma radical as vidas humanas. Além disso, damos uma olhada mais profunda nas grandes subculturas digitais da juventude, das mulheres e dos *netizens* (cidadãos da internet), que servirão de fundamento para uma espécie totalmente nova de consumidor.

A segunda e principal parte deste livro discute como profissionais de marketing podem aumentar a produtividade entendendo os caminhos do consumidor na era digital. Ela apresenta um conjunto novo de métricas de marketing e toda uma nova maneira de ver nossas práticas de marketing. Também mergulharemos fundo em diversos setores-chave e aprenderemos como aplicar as ideias de *Marketing 4.0* nesses setores.

Por fim, a terceira parte descreve em detalhe as principais táticas de *Marketing 4.0*. Começamos pelo marketing centrado no ser humano, que procura humanizar as marcas com atributos semelhantes aos dos homens e mulheres. Exploramos então o marketing de conteúdo de modo aprofundado, a fim de gerar conversas entre clientes. Além disso, também descrevemos como profissionais de marketing podem implantar o marketing onicanal para aumentar as vendas. Por último, examinamos o conceito de engajamento do cliente na era digital.

Em essência, *Marketing 4.0* descreve um aprofundamento e uma ampliação do marketing centrado no ser humano para cobrir cada aspecto da jornada do cliente. Esperamos que você encontre ideias e inspiração neste livro e junte-se a nós para redefinir o marketing nos anos que virão.

Parte I

Tendências fundamentais moldando o marketing

1 Mudanças de poder para os consumidores conectados

De vertical, exclusivo e individual a horizontal, inclusivo e social

Charlie Frost era um teórico da conspiração que estava convencido de que 2012 marcaria o fim da civilização. Um grupo de geólogos constatou em 2009 que a crença de Frost poderia ser verdade: o núcleo da Terra estava prestes a explodir e provocar uma catástrofe de enormes proporções. Ao tomarem conhecimento disso, os líderes mundiais se reuniram para buscar uma solução e decidiram construir espaçonaves gigantes semelhantes à Arca de Noé para salvar grupos selecionados da população do planeta. Os sobreviventes deveriam iniciar uma nova civilização.

Essa história é completamente fictícia e foi retirada do filme *2012*. No entanto, muitas das cenas do filme simbolizam a mudança que estamos vivendo hoje. Os velhos padrões da civilização – políticos, econômicos, socioculturais e religiosos – estavam sendo destruídos e substituídos por um conjunto mais horizontal e inclusivo de padrões sociais. Os líderes das superpotências ocidentais foram forçados a abrir mão de seus egos e colaborar. Tiveram até que contar com a China para construir as espaçonaves gigantes. As naves também funcionaram como símbolos de um novo mundo no qual pessoas diferentes estavam conectadas entre si sem quaisquer fronteiras geográficas e demográficas.

Hoje vivemos em um mundo totalmente novo. A estrutura de poder está passando por mudanças drásticas. A internet, que trouxe conectividade e transparência às nossas vidas, tem sido em grande parte responsável por essas transformações.

Testemunhamos como potências exclusivas se renderam ao poder da inclusão. O G7, grupo exclusivo de nações poderosas, não conseguiu solucionar a crise financeira global sozinho. Teve de envolver as nações do G20, que inclui Brasil, China, Índia e Indonésia. O poder econômico está agora disperso de forma mais abrangente. Grandes corporações também encontraram dificuldade para cultivar a inovação dentro de suas organizações exclusivas. Empresas como Microsoft e Amazon acabaram precisando adquirir empresas menores, porém mais inovadoras, como Skype e Zappos. Mesmo milionários como Bill Gates e Mark Zuckerberg estavam cientes da necessidade de inclusão econômica. Eles doaram sua riqueza para ajudar os pobres por meio das organizações Bill e Melinda Gates Foundation e Startup:Education (agora parte da Chan Zuckerberg Initiative), respectivamente.

Estamos testemunhando também como uma estrutura de poder vertical tem sido diluída por uma força mais horizontal. Vemos, por exemplo, como no topo dos países mais populosos do mundo estão os "Estados Unidos do Facebook", com sua população de 1,65 bilhão de pessoas. Vemos ainda como os indivíduos agora recorrem ao Twitter para saber as últimas notícias a partir de outros cidadãos, quando no passado uma grande rede de televisão como a CNN seria o canal confiável. Até o YouTube pegou Hollywood de surpresa com seu sucesso repentino. Uma pesquisa encomendada pela revista *Variety* revelou que, na faixa dos 13 aos 18 anos, celebridades do YouTube são mais populares do que astros do cinema americano. A Sony, um gigante do entretenimento, colaborou com o YouTube para mostrar que forças horizontais não podiam ser bloqueadas pelas verticais. A comédia da Sony *A entrevista*, cujo tema é a Coreia do Norte, foi lançada comercialmente primeiro via YouTube em reação a um suposto ciberataque daquele país.

A mudança de poder também tem influência sobre as pessoas comuns. Agora o poder não reside nos indivíduos, mas nos grupos sociais. Ditadores foram derrubados por pessoas conduzidas por líderes desconhecidos. O setor financeiro dos Estados Unidos foi abalado pelo movimento de protesto Occupy Wall Street. Combatentes do ebola foram escolhidos como Personalidade do Ano pela revista *Time* em 2014 em vez do presidente americano Barack Obama ou do primeiro-ministro indiano Narendra Modi.

Esses movimentos alteraram radicalmente nosso mundo, levando a uma realidade na qual as forças horizontais, inclusivas e sociais sobrepujam as forças verticais, exclusivas e individuais, e comunidades de consumidores tornaram-se cada vez mais poderosas. Agora elas são mais ruidosas. Não têm medo das grandes empresas e marcas. Adoram compartilhar histórias, boas e ruins, sobre suas experiências de consumo.

Conversas espontâneas sobre marcas possuem mais credibilidade do que campanhas publicitárias voltadas para um público específico. Círculos sociais tornaram-se a principal fonte de influência, superando as comunicações de marketing e até as preferências pessoais. Os consumidores tendem a seguir a liderança de seus pares ao decidir qual marca escolher. É como se estivessem se protegendo de alegações falsas das marcas ou de campanhas publicitárias ardilosas e usando seus círculos sociais para construir uma fortaleza.

De exclusivo a inclusivo

Foi-se o tempo em que a meta era ser exclusivo. A inclusão tornou-se a nova tendência. Em nível macro, o mundo está avançando de uma estrutura de poder hegemônica para uma multilateral. As superpotências, sobretudo a União Europeia e os Estados Unidos, percebem que alguns poderes econômicos estão se deslocando para o resto do mundo, mais notadamente para a Ásia, cujo crescimento tem sido constante nos últimos anos. É importante observar que as superpotências ocidentais continuarão poderosas, só que outras nações estão ganhando mais poder com o tempo. Os poderes econômicos não estão mais tão concentrados, e sim distribuídos de forma mais uniforme.

Essa mudança econômica costuma ser atribuída ao perfil demográfico das populações dos mercados emergentes: mais jovens, mais produtivas e com nível de renda em crescimento. Isso criou uma forte demanda por produtos e serviços, o que, por sua vez, impulsiona o crescimento econômico. Dados recentes, porém, sugerem que a razão talvez não seja apenas demográfica.

Da perspectiva da inovação, os mercados emergentes também estão rumando em uma direção melhor. Dados recentes coletados por Robert Litan indicam que a inovação vem declinando nos Estados Unidos. O número de startups representa apenas 8% do total de empresas no país, ao passo que 30 anos atrás eram quase 15%. Nos dados de Litan, o número de falências excede o número de startups.

A trajetória da Ásia é exatamente o oposto. De acordo com a Organização para a Cooperação e o Desenvolvimento Econômico (OCDE), em 2019 a China irá superar a União Europeia e os Estados Unidos em gastos ligados à inovação. Em 2012, a Coreia do Sul tornou-se o país mais avançado em inovação, gastando mais de 4% de seu PIB em pesquisa e desenvolvimento.

A influência política do mundo ocidental também está em declínio, seguindo a queda do domínio econômico. O poderio militar, que costumava resultar em uma influência eficaz, aos poucos vem sendo substituído pela abordagem mais suave do apoio econômico e da diplomacia. A China, por exemplo, mantém forte influência sobre a África em razão de seu apoio ao estabelecimento de melhor governança e ao desenvolvimento mais sustentável.

As próprias empresas estão avançando em direção à inclusão. A tecnologia possibilita a automação e a miniaturização, que reduzem os custos dos produtos e permitem às empresas atender aos novos mercados emergentes. As inovações disruptivas nos diferentes setores de negócios levaram produtos mais baratos e simples aos pobres, antes considerados um "não mercado". Produtos e serviços que já foram exclusivos estão agora disponíveis para os mercados de massa no mundo inteiro. Entre os exemplos estão o carro Tata Nano de 2 mil dólares e a cirurgia de catarata de 16 dólares da Aravind Eye Care System.

Isso também funciona em sentido contrário. Com a inovação reversa, novos produtos podem ser desenvolvidos e lançados em mercados emergentes antes de serem vendidos em qualquer outro lugar. A frugalidade e a consciência dos custos mostradas no desenvolvimento de produtos estão se tornando as novas fontes de diferenciação. Um exemplo conhecido é a Mac 400 da GE, uma máquina de eletrocardiograma portátil alimentada por bateria e projetada para atender à população rural na Índia. Ao ser vendida em outros países, a portabilidade foi seu principal diferencial.

A transparência trazida pela internet também permite que empresários de países emergentes se inspirem em seus colegas dos países desenvolvidos. Eles estão criando empresas com os mesmos serviços, porém marcadas por mudanças locais na execução. Existem, por exemplo, a Flipkart.com na Índia, inspirada na Amazon, a Disdus na Indonésia, inspirada no Groupon, a Alipay na China, inspirada no PayPal, e a Grab na Malásia, inspirada na Uber. Clientes nesses países experimentam esses serviços sem terem de aguardar que empresas americanas expandam suas atividades até lá.

As barreiras entre os setores também estão sendo derrubadas. A convergência e a integração de dois ou mais setores da economia estão virando uma tendência. Os setores têm a opção de competir ou atuar em sinergia para alcançar os mesmos consumidores. Na maioria dos casos, eles buscam a sinergia.

Muitos centros médicos começaram a se integrar com instalações turísticas de modo que os custos da assistência médica e das férias possam ser otimizados. A organização Patients Beyond Borders, sediada no Reino Unido, estima ter atendido cerca de 11 milhões de pacientes turistas em 2013. Entre os tratamentos médicos e destinos populares estão tratamentos dentários na Costa Rica, operações cardíacas na Malásia e cirurgias cosméticas no Brasil.

Em alguns mercados emergentes nos quais o uso de telefones celulares pré-pagos é imenso, o setor de telecomunicações está colaborando com o de serviços financeiros a fim de fornecer canais de pagamento para produtos e serviços. Um exemplo conhecido é a M-Pesa, uma empresa de transferência de dinheiro com base na telefonia móvel no Quênia.

Dentro de um setor consagrado, os subsetores também se tornarão difíceis de distinguir. No setor de serviços financeiros, os limites que hoje separam os subsetores bancário, financeiro, de seguros e de gestão de fundos, entre outros, desaparecerão, exigindo que as instituições financeiras busquem novos meios de se diferenciar. A integração vertical em um setor criará entidades de negócios que se envolverão em papéis abrangentes, indo do fornecimento de materiais à produção e à distribuição, o que tornará difícil definir em qual negócio a empresa atua.

Em nível micro, as pessoas estão adotando a inclusão social. Ser inclusivo não significa ser semelhante. Significa viver em harmonia apesar das diferenças. No mundo on-line, as mídias sociais redefiniram o modo como as pessoas interagem entre si, permitindo que desenvolvam relacionamentos sem barreiras geográficas e demográficas.

O impacto da mídia social não para por aí. Ela também promove colaborações globais em inovação. Vejamos a Wikipédia, que foi desenvolvida por um sem-número de indivíduos, ou a InnoCentive, que promove desafios de pesquisa e desenvolvimento e busca melhores soluções. Na verdade, todas as mídias sociais com abordagem de *crowdsourcing* são bons exemplos de inclusão social. A mídia social promove a inclusão social e dá às pessoas a sensação de pertencerem às suas comunidades.

A inclusão social está acontecendo não apenas on-line, mas também off-line. O conceito de *cidades inclusivas* – lugares que acolhem a diversidade de seus habitantes – costuma ser considerado um bom modelo para cidades sustentáveis. Semelhante ao conceito de mídia social, o conceito de cidades inclusivas argumenta que, quando elas acolhem minorias que costumam ser deixadas para trás, dando-lhes uma sensação de aceitação, isso só traz benefícios para as cidades. A inclusão social também pode se manifestar na forma de comércio justo, diversidade no emprego e empoderamento das mulheres. Essas práticas abraçam as diferenças humanas de gênero, etnia e status econômico. Marcas como a The Body Shop estão desenvolvendo um forte compromisso com a inclusão social ao promover valores como "apoiar o comércio comunitário" e programas como "acabar com a violência doméstica".

De vertical a horizontal

A globalização cria um campo de jogo nivelado. A competitividade das empresas não será mais determinada por seu tamanho, seu país de origem ou sua vantagem passada. Empresas menores, mais jovens e localmente estabelecidas terão chance de competir com empresas maiores, mais antigas e globais. No fim, não existirá uma empresa que domine totalmente as demais. Pelo contrário, uma empresa pode ser mais competitiva se conseguir se conectar com comunidades de consumidores e parceiros para a cocriação, e com concorrentes para a "coopetição".

O fluxo de inovação, que antes era vertical (das companhias para o mercado), tornou-se horizontal. No passado, as empresas acreditavam que a inovação deveria vir de dentro. Assim, desenvolviam uma infraestrutura robusta de pesquisa e desenvolvimento. Com o tempo, perceberam que a taxa de inovação interna nunca era veloz o bastante para torná-las competitivas num mercado em constante mudança. A Procter & Gamble (P&G), por exemplo, aprendeu isso no início de 2000, quando suas vendas de produtos novos estagnaram. Mais tarde, a companhia transformou seu modelo de pesquisa e desenvolvimento em um modelo de conexão e desenvolvimento. Esse modelo mais horizontal depende de fontes externas para ideias que, por sua vez, serão comercializadas usando recursos internos da empresa. Sua rival Unilever vem evoluindo na mesma direção, capitalizando seu vasto ecossistema de inovação externo. Hoje a inovação é horizontal. O mercado fornece as ideias e as empresas comercializam essas ideias.

De forma semelhante, o conceito de competição também está mudando de vertical para horizontal. A principal causa é a tecnologia. A hipótese da cauda longa de Chris Anderson não poderia ser mais verdadeira atualmente. O mercado está se afastando das marcas de massa e produção em larga escala e seguindo na direção das marcas de nicho de baixo volume. Com a internet, restrições logísticas físicas já não existem para empresas e marcas menores.

Essa inclusão passou a permitir que empresas ingressassem em setores nos quais não teriam condições de entrar no passado. Isso gera oportunidades de crescimento, mas representa ameaças competitivas significativas. Como as distinções entre os setores estão se dissipando, será altamente desafiador para as empresas ficar de olho em seus concorrentes. No futuro, os concorrentes virão tanto do mesmo setor quanto de outros setores compatíveis e relacionados. Alguns anos atrás, empresas de táxi e redes de hotéis não imaginariam competir por passageiros e hóspedes com startups de tecnologia como Uber e Airbnb, que fornecem transporte e alojamento privados. Para detectar concorrentes latentes, as organizações deveriam começar pelos objetivos dos consumidores e avaliar as alternativas potenciais que eles poderiam aceitar para alcançar esses objetivos.

As empresas também deveriam rastrear os concorrentes de fora de seus mercados domésticos. Esses concorrentes não são necessariamente corporações multinacionais. Nos últimos anos, temos observado a ascensão de grandes companhias de mercados emergentes (como Xiaomi e Oppo), que inovam por necessidade e foram criadas em mercados domésticos desafiadores. Elas se igualam em qualidade com as grandes marcas, porém têm preços bem mais baixos. Isso é possível graças à opção on-line de ingresso no mercado. Altamente inovadoras e resilientes, têm todos os ingredientes necessários para expandir seus mercados globalmente.

O conceito de confiança do consumidor não é mais vertical. Agora é horizontal. No passado, os consumidores eram facilmente influenciados por campanhas de marketing. Eles também buscavam e ouviam autoridades e especialistas. Entretanto, pesquisas recentes em diferentes setores mostram que a maioria dos consumidores acredita mais no fator social (amigos, família, seguidores do Facebook e do Twitter) do que nas comunicações de marketing. A maioria pede conselhos a estranhos nas mídias sociais e confia neles mais do que nas opiniões advindas da publicidade e de especialistas. Nos últimos anos, essa tendência estimulou o crescimento de sistemas de avaliação pública como TripAdvisor e Yelp.

Nesse contexto, as marcas não deveriam mais ver os consumidores como meros alvos. No passado, era comum as empresas transmitirem sua mensagem por diferentes mídias publicitárias. Algumas até inventavam uma diferenciação pouco autêntica para poder se destacar da multidão e dar respaldo à imagem de sua marca. Com isso, a marca costuma ser tratada como uma embalagem externa, permitindo uma representação falsa de seu verdadeiro valor. Essa abordagem não será mais eficaz, porque, com a ajuda de suas comunidades, os consumidores se defendem das marcas ruins das quais são alvos.

O relacionamento entre marcas e consumidores não deveria mais ser vertical, e sim horizontal. Os consumidores deveriam ser considerados colegas e amigos da marca. E a marca deveria revelar seu caráter autêntico e ser honesta sobre seu verdadeiro valor. Somente então ela será confiável.

De individual a social

Ao tomar decisões de compra, os consumidores em geral têm sido impelidos pela preferência individual e por um desejo de conformidade social. O nível de importância de cada um desses dois fatores varia de pessoa para pessoa e também entre os setores e as categorias.

Dada a conectividade em que vivemos atualmente, o peso da conformidade social está aumentando de forma generalizada. Os consumidores se importam cada vez mais com as opiniões dos outros. Eles também compartilham suas opiniões e compilam enormes acervos de avaliações. Juntos, pintam o próprio quadro de empresas e marcas, que muitas vezes é bem diferente da imagem que as empresas e marcas pretendem projetar. A internet, sobretudo a mídia social, facilitou essa grande mudança fornecendo as plataformas e as ferramentas.

Essa tendência continuará. Em breve, praticamente todos no planeta estarão conectados. E o que se vê é que a solução para os retardatários da internet não foram laptops baratos, e sim smartphones baratos. Na verdade, o Fórum UMTS projeta que o tráfego de dados móveis aumentará 33 vezes de 2010 a 2020. Com uma conectividade dessa magnitude, o comportamento do mercado se tornará bem diferente. Por exemplo, em muitos países, pesquisas dentro das lojas usando telefones celulares para comparar preços e verificar avaliações estão virando uma tendência. A conectividade móvel permite aos consumidores acessar a sabedoria das multidões e tomar melhores decisões de compra.

Em um ambiente assim, os clientes se adaptam mais às opiniões sociais. Na verdade, a maioria das decisões de compra pessoais serão essencialmente decisões sociais. Os consumidores comunicam-se entre si e conversam sobre marcas e empresas. Do ponto de vista da comunicação de marketing, os consumidores não são mais alvos passivos; estão se tornando mídias ativas de comunicação. A Sephora, marca de produtos de beleza, vem explorando comunidades como uma nova forma de ativos de mídia. A empresa desenvolveu uma comunidade de mídia social na qual todo o conteúdo gerado por esta é incorporado à plataforma Beauty Talk. Ela se tornou uma mídia confiável para clientes que estão tentando consultar outros membros da comunidade.

Seguir essa tendência não é fácil. As empresas costumavam ter controle sobre as comunicações de marketing e tinham por hábito lidar com as reclamações de clientes de forma individual. Se, porém, o conteúdo é gerado por uma comunidade, as empresas não têm controle sobre a conversa. Censurar o conteúdo reduziria a credibilidade. E também é preciso estarem preparadas para uma forte reação social quando algo sair errado.

Dito isso, empresas e marcas com reputações fortes e alegações honestas sobre seus produtos não deveriam ter motivo para se preocupar. No entanto, aquelas que fazem alegações falsas e têm produtos ruins não sobreviverão. É praticamente impossível esconder falhas ou isolar reclamações de clientes em um mundo transparente e digital.

Resumo: Horizontal, inclusivo e social

Os profissionais de marketing precisam embarcar na mudança para um cenário de negócios mais horizontal, inclusivo e social. O mercado está se tornando mais inclusivo. A mídia social elimina barreiras geográficas e demográficas, permitindo às pessoas se conectarem e se comunicarem, e, às empresas, inovar por meio da colaboração. Os consumidores estão adotando uma orientação mais horizontal. Desconfiam cada vez mais da comunicação de marketing das marcas e preferem confiar no círculo social (amigos, família, fãs e seguidores). Por fim, o processo de compra dos consumidores está se tornando mais social do que nunca. Eles prestam mais atenção ao seu círculo social ao tomar decisões. E buscam conselhos e avaliações tanto on--line como off-line.

PERGUNTAS PARA REFLEXÃO

- Quais são as tendências em seu setor que demonstram a mudança para um cenário de negócios mais horizontal, inclusivo e social?
- Quais são seus planos para embarcar nessas mudanças do mercado?

2 Os paradoxos do marketing para consumidores conectados

Interação on-line versus interação off-line,
Consumidor informado versus consumidor distraído e
Defesa negativa versus defesa positiva

Sempre acreditamos que a palavra *marketing* deveria ser escrita como *market-ing* (em inglês, *market* significa "mercado" e *ing* é a terminação do gerúndio, que indica ação, o que ressaltaria o sentido de "mercado em ação"). Isso nos lembraria sempre de que o marketing consiste em lidar com um mercado em constante mudança e que, para entender o marketing de ponta, deveríamos entender como o mercado vem evoluindo nos últimos anos.

As pistas e tendências estão aí. Uma nova espécie de consumidor, aquela que será a maioria no futuro próximo, está emergindo globalmente – jovem, urbana, de classe média, com mobilidade e conectividade fortes. Enquanto os mercados maduros estão lidando com uma população que envelhece, o mercado emergente está desfrutando o dividendo demográfico de uma população mais jovem e mais produtiva. Além de serem jovens, esses consumidores também estão migrando rapidamente para áreas urbanas e adotando o estilo de vida da cidade grande. A maioria pertence à classe média ou está acima dela, dispondo assim de uma boa renda para gastar. Ascendendo de uma posição socioeconômica inferior, aspiram a realizar grandes feitos, experimentar produtos mais sofisticados e imitar comportamentos das classes superiores. Esses traços fazem deles um mercado irresistível para os profissionais de marketing.

Mas o que distingue esse novo tipo de consumidor de outros mercados que vimos antes é sua tendência à mobilidade. Eles se deslocam muito, com frequência trabalham longe de casa e vivem em ritmo acelerado. Tudo deve ser instantâneo e poupar tempo. Quando estão interessados em algo que veem na televisão, procuram em seus dispositivos móveis. Quando estão decidindo sobre uma compra em uma loja física, pesquisam preço e qualidade on-line. Sendo nativos digitais, podem tomar decisões de compra em qualquer lugar e a qualquer momento, envolvendo uma grande variedade de dispositivos. Apesar de versados na internet, adoram experimentar coisas fisicamente. Valorizam o alto envolvimento ao interagir com marcas. Também são bem sociais: comunicam-se e confiam uns nos outros. Na verdade, confiam mais em sua rede de amigos e na família do que nas empresas e marcas. Em suma, são altamente conectados.

Rompendo os mitos da conectividade

A conectividade é possivelmente o mais importante agente de mudança na história do marketing. Embora não possa mais ser considerada novidade, vem mudando muitas facetas do mercado e não mostra sinais de desaceleração.

A conectividade nos fez questionar muitas teorias dominantes e grandes pressupostos que havíamos aprendido sobre consumidor, produto e gestão da marca. Ela diminui de forma significativa os custos de interação entre empresas, funcionários, parceiros de canal, clientes e outras partes envolvidas. Isso, por sua vez, reduz as barreiras de entrada em novos mercados, permite o desenvolvimento simultâneo de produtos e abrevia o tempo necessário para a construção da marca.

Há vários exemplos de como a conectividade abalou rapidamente setores consagrados que pareciam ter barreiras de entrada elevadas. A Amazon desestabilizou as livrarias físicas e, mais tarde, a indústria editorial. Da mesma forma, a Netflix abalou as locadoras de vídeo físicas e, ao lado de sites como Hulu, bagunçou os serviços de TV por satélite e a cabo. O mesmo se deu com o Spotify e a Apple Music, que mudaram o modo como a distribuição de música passou a funcionar.

A conectividade também transforma o modo como vemos a concorrência e os consumidores. Atualmente, a colaboração com os concorrentes e a cocriação com clientes são fundamentais. A concorrência não é mais um jogo de soma zero. Os clientes não são mais receptores passivos de ações de segmentação, direcionamento e posicionamento de uma empresa. A conectividade acelera a dinâmica dos mercados a ponto de ser praticamente impossível para uma empresa ficar sozinha e depender apenas dos recursos internos para ser bem-sucedida. As empresas precisam encarar a realidade de que, para vencer, devem colaborar com grupos externos e até envolver a participação dos clientes.

O sucesso do programa Conexão + Desenvolvimento da Procter & Gamble (P&G) é um exemplo disso. Em vez de proteger o valor da marca Febreze como sua vantagem competitiva, a P&G licencia a marca registrada para novas categorias. Empresas parceiras como a Kaz e a Bissell lançaram, respectivamente, ventiladores perfumados e filtros de sacos de aspirador que trazem a marca Febreze.

Apesar da influência óbvia, a conectividade costuma ser subestimada como uma mera aplicação da tecnologia com a qual os profissionais de marketing precisam lidar. Encarar a conectividade do ponto de vista puramente tecnológico muitas vezes pode ser enganador. No contexto da estratégia, muitos profissionais de marketing vêm a conectividade apenas como uma plataforma e uma infraestrutura facilitadoras que apoiam a direção geral. Uma visão mais ampla da conectividade impede que os profissionais de marketing caiam nessa armadilha. Ainda que seja verdade que a conectividade foi impelida pela tecnologia – a saber, a "tecnologia de tela e a internet" –, sua importância é bem mais estratégica.

Uma pesquisa do Google revela que 90% de nossas interações com a mídia passaram a ser facilitadas por telas: de smartphone, tablet, laptop e televisão. As telas estão se tornando tão importantes em nossas vidas que passamos mais de quatro horas de nosso tempo diário de lazer usando várias telas de modo sequencial e simultâneo. E a internet tem sido a espinha dorsal dessas interações baseadas em telas. O tráfego total na internet cresceu 30 vezes de 2000 a 2014, conectando 4 entre cada 10 pessoas no mundo. De acordo com uma previsão da Cisco, veremos outro salto de 10 vezes do tráfego global da internet até 2019, acionado por mais de 11 bilhões de dispositivos móveis conectados.

Com um alcance tão maciço, a conectividade transforma o modo como os consumidores se comportam. Em compras em lojas, a maioria dos clientes pesquisaria preços e avaliações de produtos. A pesquisa do Google mostra que 8 em cada 10 usuários de smartphone nos Estados Unidos fazem pesquisas móveis dentro das lojas. Mesmo ao assistir a propagandas na televisão, mais de metade do público de TV na Indonésia realiza pesquisas móveis. Essa é uma tendência que está afetando os consumidores globalmente.

Produtos derivados da internet também permitem a transparência. Mídias sociais como Twitter e Instagram facultam aos usuários mostrar e compartilhar suas experiências como clientes, inspirando outros consumidores da mesma classe, ou de uma classe inferior, a buscar uma experiência semelhante. Sites com sistemas de avaliação, como TripAdvisor e Yelp, empoderam os consumidores para fazerem escolhas baseadas na sabedoria das multidões.

Assim, para adotarmos plenamente a conectividade, precisamos vê-la de forma holística. Embora a *conectividade móvel* – por meio de dispositivos móveis – seja importante, trata-se do nível mais básico de conectividade, no qual a internet serve apenas como infraestrutura de comunicação. O próximo nível é a *conectividade experiencial*, na qual a internet é usada para fornecer uma experiência superior em pontos de contato entre os clientes e as marcas. Nesse estágio, não estamos mais preocupados apenas com a extensão, mas também com a profundidade da conectividade. O nível supremo é a *conectividade social*, que envolve a força da conexão em comunidades de consumidores.

Uma vez que a conectividade está intimamente associada ao segmento jovem, costuma ser considerada pertinente apenas a essa geração de consumidores. Como resultado, muitos profissionais implementam o marketing "conectado" como uma estratégia específica para esse público, sem entender plenamente como ela se encaixa na estratégia de marketing geral. É verdade que, sendo nativos digitais, os consumidores jovens são os primeiros a adotar a conectividade, mas eles inspiram os mais velhos a fazerem o mesmo. Além disso, à medida que a população mundial envelhece, os nativos digitais se tornam maioria, e assim a conectividade acabará se tornando o novo normal. A importância da conectividade transcenderá a tecnologia e o segmento demográfico porque ela muda o fundamento-chave do marketing: o próprio mercado.

Paradoxo nº 1: Interação on-line versus *interação off-line*

O impacto da conectividade no tocante às empresas on-line e off-line não está claro. Embora as empresas on-line tenham conquistado uma fatia significativa do mercado nos últimos anos, não acreditamos que irão substituir por completo as empresas off-line. Da mesma forma, não acreditamos que a "nova onda" do marketing on-line acabará substituindo o "legado" do marketing off-line. Na verdade, acreditamos que eles precisam coexistir para oferecer a melhor experiência ao cliente.

Eis o porquê: em um mundo cada vez mais caracterizado pela alta tecnologia, a interação de envolvimento profundo está se tornando a nova diferenciação. A Birchbox, varejista de produtos de beleza que surgiu on-line, abriu uma loja física para complementar seu negócio de comércio eletrônico já existente. O varejista fornece iPads para fazer recomendações personalizadas, simulando seu sistema de personalização on-line. A Zappos, varejista on-line de sapatos e vestuário, conta fortemente com interações bem pessoais de centrais de atendimento como uma fórmula vencedora. Comprar sapatos na internet pode ser uma tarefa intimidante para muitos consumidores, mas um toque de consultoria pessoal dos agentes da central de atendimento reduz a barreira psicológica. Outro exemplo são os Centros Financeiros Expressos do Bank of America. Nas transações realizadas em caixas eletrônicos desses centros, os clientes podem fazer uma chamada de vídeo para um atendente a fim de pedir auxílio. O serviço combina a conveniência do caixa eletrônico com um toque humano personalizado. Até a Amazon precisou criar um "canal físico" com seu Dash Button, um dispositivo em formato de botão para compra imediata que permite aos compradores repor automaticamente produtos domésticos como café e sabão em pó. Basta apertar o botão do tamanho de uma campainha de porta – que tem conexão com a internet via wi-fi e vem com um adesivo para que seja fixado onde o cliente quiser – para que um pedido do produto seja efetivado no site da empresa. É a primeira tentativa da "internet das coisas" da Amazon de conectar dispositivos normalmente off-line, como uma cafeteira ou uma máquina de lavar.

Por outro lado, uma interface de alta tecnologia também pode aprimorar uma interação *high-touch*, ou de envolvimento profundo, tornando-a mais irresistível. O projeto shopBeacon da Macy's é um exemplo disso. Com transmissores iBeacon da Apple instalados em vários locais dentro de uma loja da Macy's, os clientes serão alertados com ofertas bem direcionadas quando percorrerem a loja. Ao passarem por determinado departamento, os clientes podem ser lembrados de sua lista de compras, receber notificações de descontos e recomendações de presentes por um aplicativo de iPhone.

À medida que os dados das transações se acumularem, as ofertas se tornarão cada vez mais personalizadas, de acordo com o perfil de cada comprador. Outro exemplo é o estúdio de sofás da John Lewis, que permite aos clientes escolherem um modelo de sofá a partir de miniaturas criadas por impressoras 3-D. Ao posicionarem uma miniatura e uma seleção de tecidos diante de uma tela de computador, os clientes podem visualizar na tela como será o aspecto de seu sofá. Isso fornece uma experiência bem lúdica para o cliente ao escolher o modelo e o tecido de seu produto.

Tudo indica que os mundos on-line e off-line acabarão coexistindo e convergindo. A tecnologia afeta tanto o mundo on-line quanto o espaço físico off-line, tornando possível a derradeira convergência on-line-off-line. Tecnologias de sensores, como a comunicação por campo de proximidade (NFC) e o iBeacon baseado na localização, fornecem uma experiência bem mais atraente aos clientes. Na casa de máquinas, a análise de big data permite a personalização pela qual os novos clientes anseiam. Tudo isso complementa a interface humana tradicional que era a espinha dorsal do marketing antes do surgimento da internet.

As mídias tradicionais e contemporâneas para comunicação de marketing, como televisão e mídia social, também se complementarão. Muitas pessoas buscam as últimas notícias no Twitter, mas acabam retornando à televisão para assistir aos canais de notícias em busca de uma cobertura noticiosa mais confiável e profunda. Por outro lado, assistir à TV costuma incentivar as pessoas a realizar atividades on-line em seus smartphones. Por exemplo, um filme exibido na televisão poderia desencadear a busca por uma avaliação on-line. Um comercial no intervalo da programação também pode ser um gatilho para as pessoas comprarem produtos on-line.

As características dos novos consumidores nos levam a perceber que o futuro do marketing será uma mescla contínua de experiências on-line e off-line. No início, a consciência e o apelo da marca virão de uma mescla de comunicações de marketing acionadas pela análise de dados, experiências passadas de clientes e recomendações de amigos e familiares, tanto on-line quanto off-line. Os consumidores então prosseguirão por uma série de pesquisas adicionais, utilizando as avaliações de outros clientes – de novo, on-line e off-line. Se os consumidores decidirem fazer uma compra, experimentarão um toque personalizado tanto da máquina quanto da interface humana. Clientes experientes se tornarão, por sua vez, advogados da marca para clientes inexperientes. Experiências inteiras são registradas, melhorando ainda mais a precisão do sistema de análise de dados.

Em um mundo altamente conectado, um desafio-chave para marcas e empresas é integrar elementos on-line e off-line à experiência total do cliente.

Paradoxo nº 2: Consumidor informado versus consumidor distraído

Todos pensamos que os clientes atuais são os mais poderosos. É válido dizer que a maioria deles busca ativamente informações sobre marcas. Suas decisões de compra são mais bem informadas. No entanto, apesar de seus maiores níveis de curiosidade e conhecimento, eles não estão no controle do que desejam comprar.

Ao tomarem decisões de compra, os consumidores são influenciados basicamente por três fatores. Primeiro, pelas comunicações de marketing em diferentes mídias, como anúncios na televisão, anúncios impressos e ações de relações públicas. Segundo, pelas opiniões de amigos e familiares. O terceiro fator reside no fato de que eles também têm conhecimentos e um sentimento em relação a determinadas marcas baseados em experiências prévias.

A verdade é que os consumidores atuais tornaram-se altamente dependentes das opiniões dos outros. Em muitos casos, esses pontos de vista chegam até a se sobrepor à preferência pessoal e às comunicações de marketing. O motivo é nada menos que a própria conectividade.

Pelo lado positivo, a conectividade traz proteção e confiança. Na mente dos consumidores, seu círculo íntimo de amigos e familiares fornece uma blindagem contra marcas e empresas ruins. Entretanto, aliada à presença de vários dispositivos e telas, a conectividade também traz distrações. Dificulta a concentração dos consumidores e com frequência limita sua capacidade de decidir. Assim, muitos tomam suas decisões seguindo a sabedoria das multidões. Isso é alimentado ainda mais pelo baixo nível de confiança na publicidade e pelo tempo limitado que têm para comparar qualidade e preços. Além disso, por ser tão conveniente receber conselhos dos outros, a importância da propaganda boca a boca está crescendo na decisão final de compra.

Este é o retrato dos futuros consumidores: conectados, mas distraídos. Uma pesquisa do National Center for Biotechnological Information mostra que o intervalo de atenção humana médio caiu de 12 segundos, em 2000, para 8 segundos em 2013. Isso pode ser atribuído ao volume maciço e esmagador de mensagens que constantemente bombardeiam nossos dispositivos móveis conectados e exigem atenção instantânea.

O desafio para os profissionais de marketing avançarem é duplo. Primeiro, eles precisam conquistar a atenção dos consumidores. Seria difícil para um gerente de marca fazer um consumidor assistir a um anúncio de 30 segundos até o fim e para um vendedor envolver um cliente em uma abordagem direta de venda de 30 segundos. No futuro, será ainda mais difícil transmitir uma mensagem de marca. A atenção do consumidor será escassa. Assim, somente marcas com fatores UAU! (a expressão de satisfação máxima de um cliente) serão consideradas dignas de serem ouvidas e defendidas por eles. A segunda questão é que os profissionais de marketing precisam estabelecer diálogos com a marca em comunidades de consumidores, apesar de não terem muito controle sobre o resultado. Esses profissionais precisam se certificar de que, quando consumidores consultarem outros sobre uma marca, haverá defensores fiéis que farão a decisão pender a favor dela.

Paradoxo nº 3: Defesa negativa versus defesa positiva

A conectividade permite aos consumidores expressarem opiniões que outros poderão ouvir. Ela muda a mentalidade deles, levando-os a assumir que conselhos de estranhos podem ser mais confiáveis do que a recomendação de uma celebridade que endossa uma marca. Assim, a conectividade cria um ambiente perfeito para a defesa de marcas por clientes.

A própria defesa da marca não é um conceito novo no marketing. Também conhecida como "propaganda boca a boca", tornou-se a nova definição de "fidelidade" na última década. Clientes considerados fiéis a uma marca estão dispostos a endossá-la e recomendá-la aos amigos e à família.

O indicador mais famoso da defesa da marca provavelmente é o Net Promoter Score (Taxa Líquida de Promotores), criado por Frederick Reichheld. Ele argumenta que existem três categorias amplas de clientes, estabelecidas segundo suas atitudes em relação à marca: *promotores*, que recomendam a marca; *passivos*, que são neutros; e *detratores*, que dificilmente recomendarão a marca. O Net Promoter Score é medido pela porcentagem de promotores deduzida da porcentagem de detratores. O argumento-chave é que o efeito ruim do boca a boca negativo reduz o efeito bom do boca a boca positivo.

Embora o conceito tenha se mostrado útil para rastrear a fidelidade, a simples subtração poderia deixar para trás certos insights importantes. Quando permanece fiel ao seu DNA e persegue sistematicamente o seu segmento-alvo, a marca polariza o mercado. Alguns se tornam adoradores e outros se convertem em odiadores da marca. No contexto da conectividade, porém, uma manifestação negativa pode não ser necessariamente ruim. Na verdade, às vezes a marca precisa da expressão de uma opinião negativa para desencadear a defesa positiva de outros. Argumentamos que, em muitos casos, sem essas manifestações negativas, a defesa positiva pode permanecer inerte.

Assim como a consciência da marca, a defesa da marca pode ser espontânea ou estimulada. A defesa da marca espontânea ocorre quando um cliente, sem ser estimulado ou indagado, ativamente recomenda uma marca específica. Na verdade, esse tipo de defesa é raro. É preciso ser um fã inveterado para se tornar um advogado ativo da marca. A outra forma de defesa é a estimulada – uma recomendação da marca resultante de um estímulo externo. Esse tipo de defesa, embora bastante comum, é inerte. Quando uma marca possui uma defesa estimulada forte, esta precisa ser ativada por pesquisas de consumidores ou manifestações negativas.

É verdade que o equilíbrio entre adoradores e odiadores precisa ser gerido. Mesmo assim, ótimas marcas não têm necessariamente mais adoradores do que odiadores. Na verdade, o BrandIndex da YouGov revela um fato interessante. O McDonald's, por exemplo, possui 33% de adoradores e 29% de odiadores, uma polarização quase equilibrada. A Starbucks tem um perfil similar: 30% de adoradores e 23% de odiadores. Do ponto de vista do Net Promoter Score, duas das maiores marcas do setor de alimentos e bebidas teriam notas baixíssimas porque têm odiadores demais. Mas, de um ponto de vista alternativo, o grupo dos odiadores é um mal necessário que ativa o grupo de adoradores a defenderem o McDonald's e a Starbucks contra críticas. Sem a defesa positiva e a manifestação negativa, as conversas sobre marcas seriam sem graça e menos envolventes.

Qualquer marca que tenha personalidade e DNA fortes provavelmente será impopular em certo segmento do mercado. Mas o que essas marcas devem almejar é a melhor de todas as equipes de vendas: um exército de adoradores dispostos a defender a marca no mundo digital.

Resumo: Marketing em meio a paradoxos

O cenário de mudanças cria um conjunto de paradoxos para os profissionais de marketing enfrentarem, sendo um deles a interação on-line versus a interação off-line. Ambas devem coexistir e ser complementares, com o objetivo comum de fornecer uma experiência superior ao consumidor. Além disso, existe o paradoxo do consumidor informado versus o consumidor distraído. Mesmo com a conectividade munindo os consumidores com informações abundantes, eles também se tornaram dependentes demais das opiniões dos outros, que muitas vezes se sobrepõem às preferências pessoais. Por fim, com a conectividade surgem enormes oportunidades para as marcas adquirirem defesas positivas. Ainda que elas permaneçam suscetíveis a sofrer manifestações negativas, isso pode não ser necessariamente ruim, já que as manifestações negativas muitas vezes ativam as defesas positivas.

PERGUNTAS PARA REFLEXÃO

- **Quais são os exemplos em seu setor que captam a natureza paradoxal dos clientes conectados?**
- **Como você planeja abraçar esses paradoxos?**

3 As influentes subculturas digitais

Juventude para participação nas mentes,
Mulheres para participação no mercado e
Netizens para participação nos corações

Quando se trata da defesa da marca no mundo digital, nem todos os consumidores são criados da mesma forma. Alguns segmentos confiam em suas preferências pessoais e no que ouvem da publicidade. Assim, a defesa não importa para eles. Além disso, não compartilham suas experiências com os demais. Outros segmentos têm maior tendência a pedir e fornecer recomendações sobre marcas. E são esses os mais passíveis de se tornarem advogados fiéis da marca.

Para aumentar a probabilidade de conquistar defensores da marca, os profissionais de marketing deveriam apostar nos JMN: jovens, mulheres e *netizens* ou cidadãos da internet. Muitos temas relacionados a esses três grandes segmentos foram pesquisados e explorados separadamente. Em termos de tamanho, cada um deles representa uma parte bastante lucrativa. Portanto, a abordagem de marketing tem sido feita sob medida para atendê-los. Só que existe um quadro mais amplo. Há um fio condutor comum que faz uma ligação entre eles: os JMN são os segmentos mais influentes na era digital.

Talvez não surpreenda que a maioria das subculturas – grupos com conjuntos de normas e crenças fora da cultura dominante (como hackers e *cosplayers*, que são pessoas que se fantasiam de personagens famosos) – seja proveniente sobretudo da juventude, de mulheres ou de *netizens*. Elas eram, em muitas partes do mundo, consideradas minorias e mantidas à margem da sociedade. No passado, a autoridade e o poder pertenciam aos mais velhos, aos homens e aos habitantes da cidade. Isso resultava do nível tradicionalmente maior de renda e do poder de compra desses grupos. No entanto, com o tempo a importância e a influência dos JMN aumentou muito. De fato, as subculturas que os JMN representam começaram a influenciar a cultura dominante. Suas amplas redes de comunidades, amigos e familiares os habilitam a fazê-lo.

A juventude, por exemplo, define as tendências para os mais velhos, em especial quando se trata de campos da cultura pop como música, cinema, esportes, culinária, moda e tecnologia. Os mais velhos não costumam dispor de tempo e agilidade para explorar plenamente a cultura pop, que segue em constante mudança. Eles apenas acompanham as recomendações dos jovens e dependem delas. Os consumidores da geração mais jovem costumam ser os primeiros a testar produtos novos, tornando-se com frequência os alvos principais dos profissionais de marketing. Quando a juventude aceita produtos novos, eles costumam alcançar o mercado principal com êxito.

Em muitos países, as mulheres agem no lar como diretoras financeiras da família. Ao selecionar quais marcas comprar em diversas categorias de produtos e serviços, a voz das mulheres muitas vezes abafa a dos homens. Isso acontece porque a maioria das mulheres tem a paciência e o interesse de percorrer um processo abrangente que inclui pesquisar a melhor opção, algo que a maioria dos homens considera inútil ou até penoso. Assim, as mulheres desempenham um papel relevante na seleção de quaisquer produtos e serviços que os profissionais de marketing ofereçam às famílias.

Os *netizens* também são altamente influentes. Como nativos digitais, são muito hábeis em se conectar com os outros on-line enquanto compartilham informações. Embora nem todas as informações compartilhadas sejam valiosas e nem todas as atividades dos *netizens* sejam produtivas, eles são o exemplo típico de clientes mais espertos. Representando o que veem como um verdadeiro modelo de democracia sem fronteiras, expressam livremente suas opiniões e seus sentimentos sobre marcas, muitas vezes de forma anônima. Criam avaliações, postam comentários e até criam conteúdos nos quais outros cidadãos prestam atenção.

Por causa de suas características, JMN não são fáceis de impressionar. Entretanto, quando os impressionamos, eles se tornam os mais fiéis advogados de nossas marcas. A defesa feita por segmentos qualificados como JMN é mais valiosa do que a de outros segmentos. Como JMN exercem forte influência sobre o mercado principal, as marcas irão obter benefícios se conseguirem envolvê-los.

Juventude: aquisição de participação nas mentes

Para os profissionais de marketing, faz sentido visar os jovens. Segundo um relatório do Fundo de População das Nações Unidas (UNPFA), em 2014 havia 1,8 bilhão de pessoas jovens entre 10 e 24 anos, o maior patamar na história humana – cifra que continuará crescendo. O interessante é que cerca de 90% estão vivendo em países menos desenvolvidos. Eles estão enfrentando todos os tipos de desafios para realizar seu pleno potencial em termos de educação e carreira, enquanto controlam a dinâmica social entre seus pares. Os profissionais de marketing buscam identificar e solucionar esses desafios. A meta é ser relevante para a vida dos jovens e, assim, ganhar acesso a suas carteiras cada vez mais gordas.

Até profissionais de marketing cujos produtos e serviços não têm como alvo primário os clientes jovens buscam esse mercado lucrativo. O objetivo é influenciar as mentes desses jovens bem cedo, mesmo que no momento isso não seja rentável. Os jovens de hoje serão, em um futuro próximo, o alvo primário e provavelmente os clientes mais rentáveis.

Além disso, visar os jovens é a coisa mais empolgante que os profissionais de marketing podem fazer. As ações voltadas para eles sempre envolvem anúncios criativos, conteúdo digital descolado, endosso de celebridades ou ativação de marcas inovadoras. Ao contrário dos segmentos mais velhos, a juventude é tão dinâmica que raramente é improdutivo se envolver com ela. E, como a cifra demográfica é enorme, as empresas muitas vezes estão dispostas a investir pesado nesse interessante segmento do mercado.

O papel dos jovens em influenciar o restante do mercado é imenso. Primeiro, eles são *adotantes iniciais* (*early adopters*). Os jovens costumam ser acusados de ter atitudes rebeldes e de se opor às instituições – ou seja, adoram o que os adultos odeiam. Ainda que alguns jovens se comportem de acordo com essa acusação, a maioria não o faz. A verdade é que a juventude simplesmente não tem medo de experimentar. Ela testa produtos novos e experimenta serviços inovadores que os segmentos mais velhos consideram arriscados demais.

Os profissionais de marketing que estão trabalhando com produtos que acabaram de ser desenvolvidos e lançados precisam dos jovens. As estratégias que os privilegiam costumam ter as maiores chances de sucesso. Quando o iPod foi lançado, em 2001, o tom de seus anúncios voltados para os jovens ajudou a criar uma rápida adoção inicial e, mais à frente, o sucesso no mercado principal. Algo semelhante aconteceu quando a Netflix ofereceu seu serviço só de streaming em 2010: os adotantes iniciais foram jovens familiarizados com tecnologia.

Em segundo lugar, os jovens são *definidores de tendências*. Eles são os consumidores da Geração Agora que exigem tudo instantaneamente. Quando se trata de tendências, são tão ágeis em identificá-las e segui-las que os profissionais de marketing muitas vezes não conseguem acompanhá-los. O lado positivo é que com isso esses profissionais conseguem identificar com rapidez movimentos que influenciarão o mercado no futuro próximo.

A natureza tribal da juventude significa que ela também é muito fragmentada. Portanto, as tendências que os jovens seguem são igualmente fragmentadas. Certas tendências de esportes, música e moda podem atrair um verdadeiro culto de algumas tribos jovens, mas podem não ser relevantes para outras. Talvez a única tendência que a maioria dos jovens segue é o movimento rumo a um estilo de vida digital.

Enquanto muitas tendências adotadas pelos jovens acabam se revelando modismos efêmeros por causa dessa fragmentação, algumas tendências em evolução conseguem atingir a cultura dominante. A ascensão de Justin Bieber, que inicialmente ganhou fama como um artista de tendência do YouTube seguido por milhões de jovens, é um exemplo disso. Todo o universo da mídia social, como Facebook e Twitter, também começou como uma tendência entre os jovens. Da mesma forma, serviços de streaming de músicas como Spotify, Apple Music e Joox foram trazidos ao mercado principal por clientes jovens.

Por fim, os jovens são *agentes de mudança*. Muitas vezes eles são associados a condutas irresponsáveis e egoístas. Só que tendências recentes mostram que eles vêm amadurecendo bem mais cedo. Isso acontece porque as pessoas jovens reagem mais rápido às transformações que estão ocorrendo no mundo, como a globalização e os avanços tecnológicos. Agora eles estão preocupados com o que está acontecendo ao redor de si mesmos. Na verdade, estão entre os principais propulsores da mudança no mundo.

Podemos observar isso nos movimentos crescentes de empoderamento dos jovens. A RockCorps, por exemplo, é uma plataforma que permite aos jovens trabalhar como voluntários por quatro horas para transformar comunidades e ganhar um ingresso para um show exclusivo. Outro exemplo é a WE.org, que convida jovens para participarem de eventos transformadores do mundo, como uma série de concertos ao vivo "WE Day" inspiradores, bem como para comprarem produtos "ME to WE" que têm impacto social. A Indonesia Mengajar oferece uma plataforma de empoderamento semelhante por meio da educação. A instituição seleciona os melhores graduados do país e lhes pede que abram mão de empregos potencialmente bem remunerados a fim de lecionarem em escolas de aldeias remotas por um ano. Esses movimentos fazem o trabalho voluntário parecer bacana. E o mais importante: aumentam a consciência das gerações mais velhas sobre a importância do ativismo e do impacto social.

Todos esses papéis – adotantes iniciais, definidores de tendências e agentes de mudança – levam à conclusão de que os jovens são a chave para a *participação nas mentes*. Se as marcas querem influenciar as mentes dos clientes do mercado principal ou *mainstream*, convencer os jovens é um passo inicial importante.

Mulheres: crescimento da participação no mercado

O mercado feminino é outro alvo lógico para os profissionais de marketing. Além da enorme dimensão, o perfil do segmento também é singular. Realçando as diferenças psicológicas, John Gray metaforicamente argumenta que "os homens são de Marte, as mulheres são de Vênus".

As diferenças intrínsecas entre homens e mulheres têm sido um tema tanto para a psicologia quanto para o marketing. Vários especialistas apresentaram seus pontos de vista sobre o marketing para mulheres. Muitos produtos, serviços e campanhas de marketing foram desenvolvidos especificamente para elas.

A influência que as mulheres exercem sobre outras pessoas é definida pela atividade que realizam. Rena Bartos, no livro *Marketing to Women Around the World* (Marketing para mulheres do mundo todo), descreve assim a segmentação do mercado feminino: donas de casa conformadas, donas de casa que planejam trabalhar, mulheres com um emprego ou mulheres com uma carreira. Em termos simples, o mundo das mulheres gira em torno da família e do trabalho. O dilema que costumam enfrentar é optar por uma das duas alternativas ou se equilibrar entre a família e a carreira. Só que, estando mais adaptadas às multitarefas, as mulheres são intrinsecamente melhores gerentes quando se trata de atribuições complexas e multifacetadas, em casa, no trabalho ou em ambos.

Em geral, existem três papéis que as mulheres desempenham. Em primeiro lugar, elas são *coletoras de informações*. De acordo com Martha Barletta, o processo de tomada de decisão de uma mulher é diferente do processo dos homens. Enquanto o caminho de compra do homem é curto e direto, o da mulher se assemelha a uma espiral, muitas vezes retrocedendo a passos anteriores para coletar novas informações e reavaliar se dar o passo seguinte é a decisão correta. As mulheres costumam passar horas nas lojas examinando a qualidade e comparando preços, bem como horas pesquisando on-line, ao passo que os homens costumam limitar a pesquisa e ir atrás do que querem o mais rápido possível.

As mulheres não só pesquisam mais como conversam mais sobre marcas. Elas buscam as opiniões das amigas e da família e estão abertas a receber auxílio dos outros. Enquanto os homens querem apenas resolver a situação, as mulheres querem encontrar o produto perfeito, o serviço perfeito ou a solução perfeita.

Para os profissionais de marketing, a natureza coletora de informações das mulheres tem seus benefícios. Indica que todas as campanhas de comunicação de marketing e educação de clientes não são em vão. As mulheres de fato prestam atenção em todas as informações e acabarão resumindo-as para outras pessoas.

Em relação a isso, as mulheres são *compradoras holísticas*. O fato de seu caminho de compra em espiral ter mais pontos de contato significa que elas são expostas a mais fatores a serem considerados. Elas tendem a avaliar tudo – benefícios funcionais, benefícios emocionais, preço e demais características – antes de definir o verdadeiro valor dos produtos e serviços. Certas categorias de itens domésticos são avaliadas pelas mulheres não apenas para si próprias, mas para a família inteira.

As mulheres também levam em conta e examinam mais marcas, inclusive aquelas menos populares que elas acreditam ter mais valor. Por causa disso, as mulheres têm mais confiança em sua escolha quando enfim realizam a compra. Assim, são mais fiéis e mais inclinadas a recomendar sua escolha à comunidade.

Por conta de todas essas qualidades, as mulheres são de fato *gerentes domésticas.* Elas merecem os títulos de diretoras financeiras, supervisoras de compras e gerentes de ativos da família. Elas são não apenas os filtros para a maioria dos produtos domésticos, incluindo itens caros, como as influenciadoras para outros produtos, como investimentos e serviços financeiros.

Um relatório do Pew Research Center em 2008 revelou que em 41% dos domicílios americanos eram as mulheres que davam as ordens, ao passo que em apenas 26% dos domicílios os homens eram dominantes (no restante dos lares, homens e mulheres dividiam igualmente as tomadas de decisão). Na Indonésia, o quadro é ainda mais impressionante. Segundo uma pesquisa da MarkPlus Insight em 2005, cerca de 74% das mulheres indonésias gerenciavam todas as finanças da família – controlando até a renda dos maridos –, embora apenas 51% delas estivessem trabalhando.

A questão é que o papel desempenhado pelas mulheres no lar está se espalhando para o local de trabalho. Em 2013, o Escritório de Estatísticas de Trabalho dos Estados Unidos relatou que as mulheres representam 41% dos funcionários que dispõem de autoridade para tomar decisões de compra para seus empregadores naquele país.

A influência das mulheres em casa e no trabalho está crescendo. Como coletoras de informações, compradoras holísticas e gerentes do lar, as mulheres são fundamentais para a conquista de *participação de mercado* na economia digital. Para acessar mercados ainda maiores, as marcas precisarão passar pelo processo de tomada de decisão abrangente das mulheres.

Netizens: expansão da participação nos corações

Michael Hauben, que cunhou a palavra *netizen* (cidadão da internet) no início da década de 1990, a define como as pessoas para além das fronteiras geográficas que se importam em desenvolver a internet para benefício do mundo em geral e trabalham ativamente para esse fim.

Os *netizens* são considerados os verdadeiros cidadãos da democracia, porque querem estar envolvidos no desenvolvimento da internet. Eles veem o mundo de forma horizontal, não vertical. O conteúdo da internet é criado e compartilhado por pessoas e para pessoas. Mas eles acreditam na democracia total e não tanto nos governos. Apoiam a abertura e o compartilhamento sem fronteiras geográficas.

Existem 3,4 bilhões de usuários da internet – 45% da população mundial, de acordo com estimativas das Nações Unidas. Nem todos podem ser considerados *netizens* ou cidadãos da internet – e a segmentação da Forrester's Social Technographics pode ajudar a explicar por quê. De acordo com essa segmentação, existe uma hierarquia de usuários da internet, que inclui inativos, espectadores (pessoas que leem e assistem a conteúdo on-line), participantes (pessoas que mantêm e visitam páginas de mídias sociais), coletores (pessoas que acrescentam tags às páginas da web e usam feeds RSS), críticos (pessoas que postam avaliações e comentários on-line) e criadores (pessoas que criam e publicam conteúdo on-line). Os coletores, críticos e criadores caracterizam melhor os *netizens* – indivíduos que ativamente contribuem para a internet, não se limitando a consumir a internet.

O papel deles de influenciar os outros está ligado ao desejo de estar sempre conectado e contribuir. Os *netizens* são *conectores sociais.* Sabemos que os *netizens* adoram se conectar. Quando eles conversam entre si, as informações fluem. Sob anonimato, correm menos riscos e, portanto, sentem-se mais confiantes para interagir e participar de conversas on-line. Na internet, seus nomes de usuário e avatares são suas identidades.

Existem várias formas de se conectar socialmente na internet. A mais popular são os serviços de redes sociais e aplicativos de mensagens instantâneas, como Facebook, WhatsApp, QQ, Tumblr, Instagram e LinkedIn. Um relacionamento nessas plataformas geralmente começa como uma conexão de um para um entre dois indivíduos que se conhecem e confiam um no outro. Essa conexão inicial levará a um vínculo entre as redes independentes dos dois indivíduos, criando uma conexão de muitos para muitos. Observadas de fora, comunidades on-line parecem redes de estranhos, mas, por dentro, são redes de amigos confiáveis. Por ser uma rede de muitos para muitos baseada em relacionamentos de um para um, uma comunidade na internet costuma crescer exponencialmente, tornando-se uma das formas mais fortes de comunidade.

Os *netizens* também são *evangelistas expressivos*. Sem revelar suas verdadeiras identidades, os usuários da internet podem ser muito agressivos ao expressar suas opiniões. O lado negativo disso é o surgimento de agressores virtuais (*cyberbullies*), participantes inadequados (*trolls*) e odiadores (*haters*) na internet. O lado positivo, porém, é o surgimento de advogados de marcas. Os *netizens*, ao contrário dos usuários da internet em geral, apresentam maior tendência a se tornarem advogados de marcas.

No mundo da internet, conhecemos o fator social: seguidores, fãs e amigos. Quando se empolgam e se comprometem com uma marca, os *netizens* tornam-se o fator social. Transformam-se em advogados ou adoradores da marca, em oposição aos odiadores desta. Às vezes inertes, tornam-se ativos quando precisam salvaguardar sua marca favorita contra *cyberbullies*, *trolls* e *haters*.

Além disso, os advogados de marcas são também contadores de histórias que espalham notícias sobre as marcas pelas suas redes. Eles contam histórias autênticas do ponto de vista do cliente – um papel que a publicidade nunca poderá substituir. Como *netizens* são mais visíveis do que outros usuários da internet, exercem uma influência enorme, muitas vezes tendo grande número de seguidores, fãs e amigos.

Os *netizens* também são *contribuintes de conteúdo*. São chamados de cidadãos da internet por um motivo: à semelhança de bons cidadãos que contribuem para seu país, eles contribuem para o desenvolvimento da internet. O trabalho dos *netizens* facilita a vida dos outros usuários. Com o uso de tags, as informações são mais bem organizadas e a localização de conteúdo de qualidade por meio de pesquisa fica mais fácil. Ao "votarem" em sites da web, os *netizens* recomendam aqueles de qualidade aos outros usuários. Com avaliações e análises de produtos na internet, outras pessoas podem facilmente descobrir a melhor opção disponível.

A contribuição mais importante, porém, é a criação de conteúdo novo, que pode ter diferentes formatos: artigos, *white papers*, e-books, infográficos, artes gráficas, jogos, vídeos e até filmes. Autores independentes criam páginas na web, blogs e publicam e-books. Músicos e cineastas independentes criam sucessos comerciais tornando-se youtubers e gerando conteúdo na plataforma de compartilhamento de vídeos.

Com novos conteúdos sendo criados a cada segundo, a internet está se tornando mais rica e útil, o que beneficiará os usuários e atrairá os não usuários. Tudo isso aumenta a população de *netizens*, bem como o valor da internet.

Crescendo exponencialmente com base em conexões emocionais e mutuamente benéficas, as comunidades de *netizens* são a chave para expandir a participação de uma marca nos corações dos consumidores. Quando se trata de propaganda boca a boca comunitária, os *netizens* são os melhores amplificadores. A mensagem da marca fluirá ao longo das conexões sociais se receber o selo de aprovação desse grupo.

Resumo: Juventude, mulheres e *netizens*

Jovens, mulheres e *netizens* há muito são pesquisados minuciosamente pelas empresas, mas em geral como segmentos de consumidores separados. Sua força coletiva, sobretudo como os segmentos mais influentes na era digital, ainda não foi bem explorada. Os jovens são os adotantes iniciais de novos produtos e tecnologias. Eles também são definidores de tendências, mas estão fragmentados quanto às tendências que seguem. Em última análise, são agentes de mudança. Como coletoras de informações e compradoras holísticas, as mulheres são, na prática, as gerentes do lar, diretoras financeiras, supervisoras de compras e gerentes de ativos, tudo combinado em uma só pessoa. Por fim, os *netizens* são conectores sociais, já que predominantemente conectam, conversam e se comunicam com seus pares. Eles também são evangelistas expressivos, bem como contribuintes de conteúdo para o mundo on-line. Juntos, jovens, mulheres e *netizens* detêm a chave para o marketing na economia digital.

PERGUNTAS PARA REFLEXÃO

- Como sua empresa pode adquirir maior participação nas mentes alavancando os papéis de adotantes iniciais e definidores de tendências dos jovens?
- Como sua empresa pode aumentar a participação no mercado alavancando a influência das mulheres no lar?
- Como sua empresa pode identificar e utilizar *netizens* para conquistar maior participação nos corações dos consumidores?

4 Marketing 4.0 na economia digital

Quando o on-line encontra o off-line,
O estilo encontra a substância e
A conectividade máquina a máquina encontra o toque pessoa a pessoa

De acordo com a Organização para a Cooperação e o Desenvolvimento Econômico (OCDE), as inovações digitais podem levar os países para mais perto da prosperidade sustentável. McKinsey lista as grandes inovações mais recentes que tiveram maior impacto econômico, o que inclui a internet móvel, a automação do trabalho do conhecimento, a internet das coisas, a tecnologia de computação em nuvem, a robótica avançada e a impressão 3-D, entre outras. Essas tecnologias digitais estão disponíveis há alguns anos, mas seu impacto atingiu o ponto máximo apenas recentemente, alimentado pela convergência de tecnologias múltiplas.

Essas tecnologias ajudam a desenvolver vários setores na economia, como varejo (comércio eletrônico), transportes (veículos automatizados), educação (cursos abertos on-line), saúde (prontuários eletrônicos e medicina personalizada), bem como interações sociais (redes sociais). Entretanto, muitas das mesmas tecnologias que impelem a economia digital também estão abalando setores-chave e perturbando empresas tradicionais. Grandes varejistas como Borders e Blockbuster, por exemplo, experimentaram as rupturas causadas por estreantes digitalmente fortalecidos em seus respectivos setores. Esses estreantes –

Amazon e Netflix – são agora as novas empresas dominantes em suas áreas. O interessante é que mesmo os disruptores do passado podem sofrer o mesmo destino. O iTunes da Apple, que outrora teve sucesso em desestruturar as lojas de música físicas com a venda de músicas on-line, ficou estremecido com o Spotify e seu modelo de negócios de streaming de música. As receitas da Apple com vendas de música estão em declínio desde seu apogeu, no início da década de 2000. A Apple então lançou o próprio serviço de streaming de música, Apple Music, em meados de 2015, para rivalizar com o Spotify.

Adaptando-se às tecnologias disruptivas emergentes, a maioria dos consumidores está empolgada e ansiosa ao mesmo tempo. A automação do trabalho do conhecimento, por exemplo, não apenas aumentou a produtividade como trouxe temores de perda de empregos. A impressão 3-D abriu um mundo de possibilidades em termos de inovação rápida. No entanto, do lado negativo, a impressão 3-D também pode ser usada impropriamente para a produção de armas, por exemplo.

O maior dilema talvez seja causado pela internet móvel. Ela trouxe a conectividade *peer-to-peer* (ponto a ponto) e empoderou os consumidores, que se tornaram muito mais espertos e bem informados do que no passado. Mas um estudo de Przybylski e Weinstein, da Universidade de Essex, provou que os telefones celulares também podem prejudicar os relacionamentos. A pesquisa revelou que os smartphones desviam a atenção das pessoas do ambiente em que estão. Ainda descobriu que a sensação de poder se conectar com uma rede maior costuma inibir a capacidade de ser empático com as pessoas próximas. Portanto, com o impulso rumo à economia digital se tornando mais intenso, os consumidores estão ansiando pela aplicação perfeita de tecnologias que lhes permitam atingir seu pleno potencial e, ao mesmo tempo, tornarem-se empáticos.

Nesse período de transição e adaptação à economia digital, uma nova abordagem faz-se necessária para orientar os profissionais de marketing na previsão e na alavancagem das tecnologias disruptivas.

Nos últimos seis anos, esses profissionais vêm pedindo uma sequência para *Marketing 3.0: As forças que estão definindo o novo marketing centrado no ser humano* (Elsevier, 2010). Nosso livro foi tão universalmente aceito que a edição original em inglês foi traduzida para 24 línguas. Nele falamos sobre as grandes mudanças do marketing centrado no produto (1.0) para o marketing voltado para o consumidor (2.0) e, enfim, para o marketing centrado no ser humano (3.0).

Queremos agora apresentar o Marketing 4.0: uma abordagem que combina interação on-line e off-line entre empresas e consumidores. Na economia digital, a interação digital sozinha não é suficiente. Na verdade, em um mundo cada vez mais conectado, o toque off-line representa uma forte diferenciação. Marketing 4.0 também mescla estilo com substância. Embora seja imperativo que as marcas se tornem mais flexíveis e adaptáveis por causa das rápidas mudanças das tendências tecnológicas, ter uma personalidade autêntica é mais importante do que nunca. Diante de uma realidade cada vez mais transparente, a autenticidade é o ativo mais valioso. Finalmente, Marketing 4.0 alavanca a conectividade máquina a máquina e a inteligência artificial a fim de melhorar a produtividade do marketing, enquanto impulsiona a conectividade pessoa a pessoa com o intuito de fortalecer o engajamento do cliente.

Passagem do marketing tradicional ao digital

Da segmentação e definição do mercado-alvo à confirmação da comunidade de consumidores

Tradicionalmente, o marketing sempre começa pela segmentação – a prática de dividir o mercado em grupos homogêneos com base em seus perfis geográficos, demográficos, psicográficos e comportamentais. A segmentação costuma ser seguida pela definição do mercado-alvo – a prática de selecionar um ou mais segmentos que a marca se empenhará em perseguir com base na atratividade e na adequação desses segmentos à marca. A segmentação e a definição do mercado-alvo são aspectos fundamentais da estratégia de marca. Permitem a alocação eficiente de recursos e um posicionamento mais preciso. Também ajudam os profissionais de marketing a atender vários segmentos, cada um com ofertas diferenciadas.

Entretanto, a segmentação e a definição do mercado-alvo também exemplificam o relacionamento vertical entre uma marca e seus clientes, análogo ao que se dá entre caçador e presa, pois são decisões unilaterais tomadas por profissionais de marketing sem o consentimento de seus clientes. São esses profissionais que determinam as variáveis que definem os segmentos. O envolvimento dos clientes é limitado aos seus dados na pesquisa de mercado, que geralmente precede os exercícios de segmentação e definição do mercado-alvo. Sendo "alvos", os consumidores costumam se sentir invadidos e importunados por mensagens irrelevantes. Muitos consideram as mensagens unidirecionais das marcas como spams.

Na economia digital, os clientes estão socialmente conectados em redes horizontais de comunidades. Hoje, as *comunidades* são os novos *segmentos*. Mas, ao contrário dos segmentos, as comunidades são formadas naturalmente por consumidores dentro de fronteiras que eles mesmos definem. As comunidades de consumidores estão imunes a spams e às propagandas irrelevantes. E até rejeitarão a tentativa de uma empresa de invadir essas redes de relacionamento.

Para se envolverem de forma eficaz com uma comunidade de consumidores, as marcas precisam pedir permissão. O marketing de permissão, introduzido por Seth Godin, gira em torno da ideia de pedir consentimento prévio aos consumidores para enviar mensagens de marketing. No entanto, ao pedir permissão, as marcas precisam agir como amigos dotados de um desejo sincero de ajudar, e não caçadores com uma isca. Como no Facebook, os consumidores tomarão a decisão de "confirmar" ou "ignorar" os pedidos desse amigo. Isso demonstra o relacionamento horizontal entre marcas e consumidores. Entretanto, as empresas podem continuar usando a segmentação, a definição do mercado-alvo e o posicionamento, desde que se tornem transparentes para os clientes.

Do posicionamento e da diferenciação da marca ao esclarecimento da personalidade e dos códigos da marca

Em um sentido tradicional, uma marca é um conjunto de imagens – em geral, um nome, um logotipo e um slogan – que distingue a oferta do produto ou serviço de uma empresa das ofertas de seus concorrentes. Serve também como um reservatório que armazena todo o valor gerado pelas campanhas de marca da empresa. Nos últimos anos, a marca também se tornou a representação da experiência total que uma empresa proporciona aos seus clientes. Portanto, uma marca pode servir de plataforma para a estratégia de uma empresa, já que quaisquer atividades em que ela se envolva estarão associadas à marca.

O conceito de *marca* está intimamente associado ao *posicionamento da marca*. Desde a década de 1980, o posicionamento da marca tem sido reconhecido como a batalha pela mente do consumidor. Para criar um valor de marca forte, é preciso ter um posicionamento claro e coerente, bem como um conjunto autêntico de diferenciação que apoie esse posicionamento. O posicionamento da marca é basicamente uma promessa atraente que os profissionais de marketing transmitem para conquistar corações e mentes dos consumidores. Para exibir a verdadeira integridade da marca e conquistar a confiança dos consumidores, os profissionais de marketing precisam cumprir essa promessa com uma diferenciação sólida e concreta por meio de seu mix de marketing.

Na economia digital, os clientes estão empoderados e tornou-se mais fácil para eles avaliar e até esmiuçar a promessa de posicionamento da marca de qualquer empresa. Com essa transparência (graças à ascensão da mídia social), as marcas já não podem fazer promessas falsas, não verificáveis. As empresas podem se posicionar como qualquer coisa, mas, a menos que exista um consenso baseado na comunidade, o posicionamento não significará nada mais que dissimulação corporativa.

Atualmente, comunicar sistematicamente e de modo repetitivo a identidade e o posicionamento da marca – um fator-chave para o sucesso no marketing tradicional – pode não ser mais suficiente. Com as tecnologias disruptivas, ciclos de vida mais curtos dos produtos e tendências que mudam com rapidez, a marca precisa ser dinâmica o bastante para se comportar de determinadas formas em situações específicas. O que deve permanecer constante, porém, são a personalidade e os códigos da marca. A personalidade é a razão de ser da marca, seu motivo autêntico para existir. Quando o núcleo da marca permanece fiel às suas raízes, as imagens expandidas podem ser flexíveis. Pense nisso nestes termos: com inúmeras adaptações do logotipo – o que o Google chama de *doodles* –, MTV e Google permanecem marcas sólidas, porém flexíveis.

De vender os quatro Ps a comercializar os quatro Cs

O mix de marketing é uma ferramenta clássica para ajudar a planejar *o que oferecer* e *como oferecer* aos consumidores. Basicamente, existem quatro Ps: produto, preço, ponto de venda e promoção. O produto é muitas vezes desenvolvido com base nas necessidades e nos desejos dos consumidores, captados por meio de pesquisas de mercado. As empresas controlam a maioria das decisões sobre o produto, da concepção à produção. Para definir um preço de venda, as empresas utilizam uma combinação de métodos de precificação baseados no custo, na concorrência e no valor para o cliente. A disposição dos consumidores em pagar, estimada na precificação baseada no valor ao cliente, é a contribuição mais importante dos consumidores para a precificação.

Uma vez que as empresas decidam *o que oferecer* (produto e preço), precisam resolver *como oferecer* (ponto de venda e promoção). As empresas precisam definir onde distribuir o produto com o objetivo de torná-lo convenientemente disponível e acessível aos consumidores. Elas também precisam comunicar as informações sobre o produto ao público-alvo mediante diferentes métodos, como publicidade, relações públicas e promoção de vendas. Quando os quatro Ps do mix de marketing são otimamente projetados e alinhados, vender torna-se menos desafiador à medida que os consumidores são atraídos pelas proposições de valor.

Em um mundo conectado, o conceito do mix de marketing evoluiu para acomodar mais participação do cliente. O mix de marketing (os quatro Ps) deve ser redefinido como os quatro Cs: cocriação (*co-criation*), moeda (*currency*), ativação comunitária (*communal activation*) e conversa (*conversation*).

Na economia digital, a cocriação é a nova estratégia de desenvolvimento de produtos. Por meio da cocriação e do envolvimento dos clientes desde cedo no estágio de concepção, as empresas podem melhorar a taxa de sucesso do desenvolvimento de novos produtos. A cocriação também permite aos clientes customizar e personalizar produtos e serviços, criando assim proposições de valor superiores.

O conceito de precificação também está evoluindo na era digital, de padronizada para dinâmica. A precificação dinâmica – estabelecer preços flexíveis com base na demanda do mercado e na capacidade de utilização – não é nova em certos setores, como hospitalidade (turismo, hotelaria e restaurantes) e companhias aéreas. No entanto, avanços na tecnologia levaram a prática para outros setores. Varejistas on-line, por exemplo, coletam uma enorme quantidade de dados que lhes permitem recorrer à análise de big data para oferecer uma precificação única para cada cliente. Assim, a precificação dinâmica permite que as empresas otimizem a rentabilidade ao cobrar de clientes distintos de maneiras diferentes, com base no padrão do histórico de compras, na proximidade das lojas físicas e em outros aspectos do perfil dos clientes. Na economia digital, o preço é semelhante à moeda, que flutua em função da demanda do mercado.

O conceito de canal também está mudando. Na economia compartilhada, o conceito de distribuição mais potente é a distribuição ponto a ponto. Protagonistas como Airbnb, Uber, Zipcar e Lending Club estão abalando os setores de hotelaria, transporte via táxi, aluguel de carros e bancário, respectivamente. Eles fornecem aos clientes acesso fácil a produtos e serviços que não são de sua propriedade, e sim de outros clientes. A ascensão da impressão 3-D estimulará ainda mais essa distribuição ponto a ponto no futuro próximo. Imagine clientes querendo um produto e, em questão de minutos, recebendo esse produto impresso diante deles. Em um mundo conectado, os consumidores exigem acesso quase instantâneo a produtos e serviços, o que só é viável se as outras pessoas estiverem bem próximas. Essa é a essência da ativação comunitária.

Da mesma forma, o conceito de promoção também evoluiu nos últimos anos. Tradicionalmente, a promoção sempre foi uma relação unilateral, com as empresas enviando mensagens aos consumidores como públicos passivos. Hoje, a proliferação da mídia social permite aos consumidores reagir a essas mensagens. Também permite que eles conversem sobre as mensagens com outros consumidores. A ascensão de sistemas de avaliação como TripAdvisor e Yelp fornece uma plataforma para que eles possam conversar e oferecer avaliações de marcas com as quais tenham interagido.

Com um mix de marketing conectado (os quatro Cs), as empresas têm grandes chances de sobreviver na economia digital. Entretanto, o paradigma da venda também precisa mudar. Tradicionalmente, os consumidores são objetos passivos de técnicas de vendas. Em um mundo conectado, a ideia é que ambos os lados obtenham valor comercial de forma ativa. Com a maior participação do consumidor, as empresas estão envolvendo os clientes na comercialização transparente.

De processos de serviço ao cliente ao atendimento colaborativo ao cliente

Antes de comprar, os consumidores são tratados como alvos. Uma vez que decidam comprar, passam a ser considerados reis em uma perspectiva tradicional de serviço ao cliente. Mudando para a abordagem do atendimento ao cliente, as empresas veem os consumidores como iguais. Em vez de servir ao cliente, a empresa demonstra sua preocupação genuína com ele ao ouvir, responder e sistematicamente acompanhá-lo nas condições determinadas tanto pela empresa como pelo cliente.

No serviço ao cliente tradicional, os funcionários são responsáveis por desempenhar papéis determinados e realizar processos específicos segundo diretrizes rigorosas e procedimentos operacionais-padrão. Essa situação muitas vezes põe o pessoal do serviço em um dilema diante de objetivos conflitantes. Em um mundo conectado, a colaboração é fundamental para o sucesso do atendimento ao cliente. A colaboração acontece quando as empresas convidam os clientes a participar do processo usando instalações de autosserviço.

Integração dos marketings tradicional e digital

O marketing digital não pretende substituir o marketing tradicional. Pelo contrário, ambos devem coexistir, com papéis permutáveis, ao longo do caminho do consumidor (detalhes sobre o caminho do consumidor são fornecidos no Capítulo 5). No estágio inicial de interação entre empresas e consumidores, o marketing tradicional desempenha papel importante ao promover a consciência e o interesse. À medida que a interação avança e os clientes exigem relacionamentos mais próximos com as empresas, aumenta a importância do marketing digital. O papel mais importante do marketing digital é promover a ação e a defesa da marca. Como o marketing digital é mais controlável do que o marketing tradicional, seu foco é promover resultados, ao passo que o foco do marketing tradicional é iniciar a interação com os clientes (ver Figura 4.1).

A essência do Marketing 4.0 é reconhecer os papéis mutáveis do marketing tradicional e do marketing digital na obtenção do engajamento e da defesa da marca pelos clientes.

Figura 4.1 Os papéis permutáveis dos marketings tradicional e digital

Resumo: Redefinição do marketing na economia digital

Marketing 4.0 é uma abordagem de marketing que combina interações on-line e off-line entre empresas e clientes, mescla estilo com substância no desenvolvimento das marcas e, finalmente, complementa a conectividade máquina a máquina com o toque pessoa a pessoa para fortalecer o engajamento dos consumidores. Ele ajuda os profissionais de marketing na transição para a economia digital, que redefiniu os conceitos-chave do marketing. O marketing digital e o marketing tradicional devem coexistir no Marketing 4.0 com o objetivo máximo de conquistar a defesa da marca pelos clientes.

PERGUNTAS PARA REFLEXÃO

- Como sua marca pode desenvolver uma diferenciação poderosa baseada no toque pessoa a pessoa no mundo digital?
- Como sua empresa pode fazer a transição dos quatro Ps tradicionais para os quatro Cs digitais adotando a cocriação, aproveitando a precificação flutuante como a moeda, envolvendo-se na ativação comunitária e promovendo a conversa?
- Quais são as mudanças fundamentais requeridas em sua estratégia de serviço ao cliente para adotar o atendimento colaborativo?

Parte II

Novos modelos para o marketing na economia digital

5 O novo caminho do consumidor

Assimilação, atração, arguição, ação e apologia

Com o aumento da mobilidade e da conectividade, os consumidores já dispõem de tempo limitado para examinar e avaliar as marcas. E, à medida que o ritmo de vida se acelera e a capacidade de atenção diminui, eles sentem uma dificuldade ainda maior em se concentrar. Mesmo assim, por intermédio de vários canais – on-line e off-line –, os consumidores continuam expostos a um excesso de tudo: características de produtos, promessas de marcas e argumentos de vendas. Confusos com mensagens publicitárias boas demais para serem verdadeiras, os clientes costumam ignorá-las, preferindo se voltar para fontes mais confiáveis de informação: seu círculo social de amigos e a família.

As empresas precisam entender que mais pontos de contato e volume mais alto nas mensagens não se traduzem necessariamente em maior influência. É preciso se destacar da multidão e conectar-se de forma significativa com os consumidores em apenas alguns poucos pontos de contato cruciais. Na verdade, apenas um único momento de prazer inesperado com uma marca é o que basta para transformar um cliente em um fiel advogado da marca. Para conseguir isso, as empresas deveriam mapear o caminho do consumidor até a compra, entender os pontos de contato dele com a marca ao longo desse percurso e intervir nos pontos que interessam. Deveriam concentrar seus esforços – intensificando a comunicação, fortalecendo a presença no canal e melhorando a interface com o cliente – em melhorar aqueles pontos de contato cruciais, bem como em introduzir uma forte diferenciação.

Além disso, as empresas precisam alavancar o poder de conectividade e de defesa da marca pelo cliente. Atualmente, a conversa ponto a ponto entre consumidores é a forma de mídia mais eficaz. Dada a falta de confiança, as empresas poderiam não ter mais acesso direto aos consumidores-alvo. Como os consumidores confiam em seus correspondentes mais do que nunca, a melhor fonte de influência é o exército de clientes transformados em advogados da marca. Assim, a derradeira meta é encantar os clientes e convertê-los em advogados fiéis.

Como as pessoas compram: dos quatro As aos cinco As

Um dos primeiros e mais usados modelos para descrever o caminho do consumidor é o modelo AIDA: *atenção*, *interesse*, *desejo* e *ação*.

Não surpreende que o modelo AIDA tenha sido cunhado por um pioneiro da publicidade e das vendas, E. St. Elmo Lewis, e que, portanto, tenha sido adotado primeiro nesses dois campos. Ele serve como um simples checklist ou um lembrete para executivos da publicidade quando criam anúncios e para executivos de vendas quando abordam possíveis clientes. O texto publicitário e o discurso de vendas devem chamar atenção, gerar interesse, fortalecer o desejo e, por fim, promover a ação. À semelhança dos quatro Ps do marketing (produto, preço, ponto de venda e promoção), o modelo AIDA sofreu diversas expansões e modificações.

Derek Rucker, da Kellogg School of Management, apresenta uma modificação do AIDA que chama de quatro As: *assimilação*, *atitude*, *ação* e *ação nova*. Nesse modelo mais recente, os estágios do *in-*

teresse e do *desejo* são simplificados em *atitude* e um estágio novo, *ação nova,* é acrescentado. O modelo modificado pretende rastrear o comportamento pós-compra do consumidor e medir a retenção de clientes. Ele considera uma ação de recompra como um forte sinal da fidelidade do cliente.

O modelo dos quatro As é uma ferramenta simples para descrever o processo direto e semelhante a um funil que os consumidores percorrem ao avaliar marcas em seus conjuntos de considerações. Eles tomam conhecimento de uma marca (*assimilação*), gostam ou não dela (*atitude*), decidem se vão comprá-la (*ação*) e se vale a pena repetir a compra (*ação nova*). Quando tratado como um funil de consumo, o número de consumidores que passam pelo processo vai se reduzindo à medida que passam para o estágio seguinte. Pessoas que gostam da marca precisam ter conhecido a marca antes. Pessoas que compram a marca precisam ter gostado da marca antes. E assim por diante. Da mesma forma, quando tratado como um funil de marcas, o número de marcas que estão sendo examinadas ao longo do caminho continua diminuindo. Por exemplo, o número de marcas que as pessoas recomendam é inferior ao número de marcas que as pessoas compram, que por sua vez é inferior ao número de marcas que as pessoas conhecem.

Os quatro As também refletem um caminho basicamente pessoal. A grande influência na tomada de decisão dos clientes ao percorrer o caminho vem de pontos de contato com as empresas (por exemplo, a publicidade na TV na fase de *assimilação*, os vendedores na fase de *ação*, o centro de serviço na fase de *ação nova*). Isso está sob o controle de uma empresa.

Atualmente, na era da conectividade, o processo direto e pessoal semelhante a um funil dos quatro As precisa ser atualizado. Um novo caminho do consumidor deve ser definido para acomodar mudanças moldadas pela conectividade.

- Na era pré-conectividade, um consumidor individual determinava sua *atitude* em relação às marcas. Na era da conectividade, a *atração* inicial de uma marca é influenciada pela comunidade em torno do consumidor para determinar a atitude final. Muitas decisões que parecem pessoais são essencialmente decisões sociais. O novo caminho do consumidor deveria refletir o surgimento dessa influência social.

- Na era pré-conectividade, a fidelidade costumava ser definida como retenção e recompra. Na era da conectividade, a fidelidade é, em última análise, definida como disposição para defender uma marca. Um cliente poderia não precisar recomprar continuamente determinada marca (por exemplo, em virtude de um ciclo de compra mais longo) ou poderia não conseguir fazê-lo (por exemplo, por não estar disponível em certos locais). Mas, se ele está satisfeito com a marca, estará disposto a recomendá-la ainda que não a esteja usando no momento. O novo caminho do consumidor deveria ser alinhado de acordo com essa nova definição de fidelidade.
- Quando se trata de entender as marcas, os consumidores agora se conectam ativamente entre si, desenvolvendo relacionamentos de pesquisar e defender. Os *netizens*, em particular, têm conexões bem ativas em fóruns. Consumidores que precisam de mais informações os procurarão e se conectarão com outros que tenham mais conhecimentos e experiência. Dependendo da tendência mostrada durante a conversa, a conexão pode fortalecer ou enfraquecer a atração inicial da marca. O novo caminho do consumidor deveria também reconhecer essa conectividade.

Com base nessas exigências, o caminho do consumidor deveria ser reescrito como os cinco As: *assimilação*, *atração*, *arguição*, *ação* e *apologia* (ver Figura 5.1).

Na fase de *assimilação*, os consumidores são passivamente expostos a uma longa lista de marcas em função de experiências passadas, comunicações de marketing e/ou defesa de marcas por clientes.

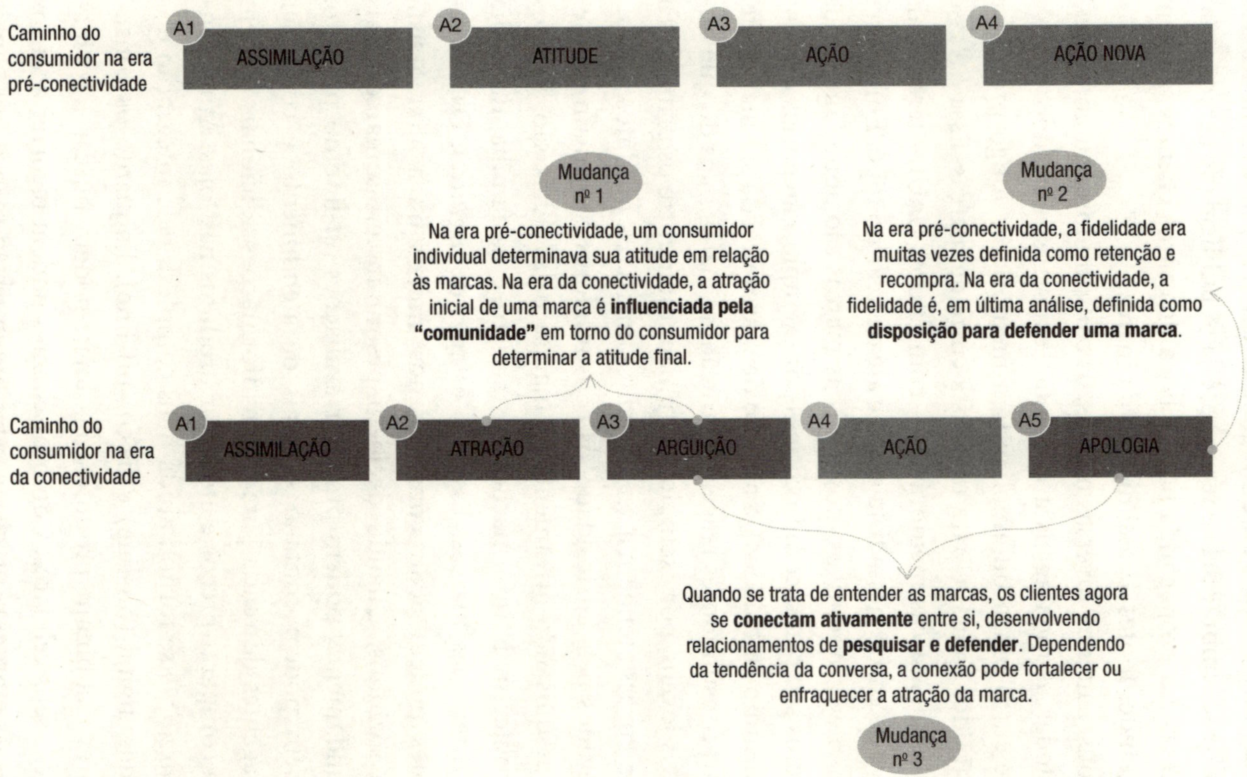

Figura 5.1 A mudança do caminho do consumidor em um mundo conectado

Esse é o portão para todo o caminho do consumidor. Um cliente que tenha experiência anterior com uma marca provavelmente será capaz de se lembrar dela e reconhecê-la. A publicidade gerada pelas empresas e a propaganda boca a boca de outros clientes também são grandes fontes de assimilação da marca.

Conscientes de diversas marcas, os consumidores então processam todas as mensagens a que estão expostos – criando memória de curto prazo ou ampliando a memória de longo prazo – e são atraídos somente para uma lista curta de marcas. Essa é a fase de *atração*. Marcas memoráveis – com fatores UAU! – terão mais chance de entrar nessa lista curta e até de ficar no topo. Em setores altamente competitivos, nos quais as marcas são abundantes e os produtos são como commodities (por exemplo, categorias de bens de consumo embalados), a atração da marca precisa ser mais forte. Alguns consumidores reagem à atração da marca mais do que outros. Os jovens, por exemplo, costumam estar entre os primeiros a reagir. Por isso tendem a ser adotantes iniciais de produtos novos.

Levados pela curiosidade, os consumidores costumam prosseguir pesquisando ativamente as marcas pelas quais são atraídos para obter mais informações dos amigos e da família, da mídia e/ou direto das marcas. Esse é o estágio de *arguição*. Os consumidores podem pedir conselhos aos amigos ou avaliar a lista curta sozinhos. Quando decidem pesquisar certas marcas mais profundamente, podem procurar avaliações on-line do produto. Também podem contatar centrais de atendimento e conversar com agentes de venda para obter informações adicionais. Podem ainda comparar preços e até testar produtos nas lojas. Atualmente, a *arguição* se tornou ainda mais complexa pela integração dos mundos digital (on-line) e físico (off-line). Enquanto os consumidores examinam produtos nas lojas, podem buscar informações em seus celulares. Como os clientes podem recorrer a vários canais, as empresas precisam estar presentes ao menos nos canais mais populares.

No estágio de *arguição*, o caminho do consumidor muda de individual para social. As decisões serão tomadas com base no que ele obtém das conversas com outros. A atração da marca precisa da confirmação de outros para que o caminho possa continuar. As marcas devem desencadear a quantidade certa de curiosidade no consumidor. Quando o nível de curiosidade é baixo demais, significa que a atração da marca, embora existente, é baixa. Mas, quando o nível de curiosidade é alto demais e os consumidores são "forçados" a fazer muitas perguntas, eles ficam confusos sobre a mensagem inicial que encontram.

Se forem convencidos pelas informações adicionais obtidas no estágio de *arguição*, os consumidores passarão à *ação*. É importante lembrar que as ações desejadas não se limitam a ações de compra. Depois de comprar uma marca específica, os clientes interagem mais profundamente pelo consumo, bem como pelos serviços pós-venda. As marcas precisam envolver esses clientes e se certificar de que sua experiência de posse e consumo total seja positiva e memorável. Quando os clientes têm problemas e queixas, as marcas devem estar atentas e se certificar de que eles recebam soluções.

Com o tempo, os clientes podem desenvolver uma sensação de forte fidelidade à marca, refletida em retenção, recompra e, por fim, defesa da marca perante seus pares. Esse é o estágio de *apologia*. Advogados de marca ativos recomendam espontaneamente marcas que adoram, ainda que não sejam solicitados a fazê-lo. Eles contam histórias positivas aos outros e tornam-se evangelistas. No entanto, a maioria dos advogados de marca fiéis é passivo e inerte. Eles precisam ser estimulados por uma consulta ou manifestação negativa. Quando deparam com tal deixa, sentem-se obrigados a recomendar e defender as marcas que adoram. Como correm riscos para fazer recomendações, advogados de marca fiéis são também mais passíveis de comprar mais dessa marca no futuro (ver Figura 5.2).

Os estágios nos cinco As nem sempre são diretos, sendo às vezes até em espiral, semelhantes ao comportamento de compra das mulheres. Por causa do déficit de atenção, os consumidores

	A1 ASSIMILAÇÃO	A2 ATRAÇÃO	A3 ARGUIÇÃO	A4 AÇÃO	A5 APOLOGIA
Comportamento do consumidor	Os consumidores são passivamente expostos a uma longa lista de marcas em função de experiências passadas, comunicações de marketing e/ou defesa da marca por clientes.	Os consumidores processam as mensagens a que são expostos – criando memória de curto prazo ou ampliando a memória de longo prazo – e são atraídos somente para uma lista curta de marcas.	Levados pela curiosidade, os consumidores pesquisam ativamente para obter informações adicionais dos amigos e da família, da mídia e/ou direto das marcas.	Reforçados pelas informações adicionais, os consumidores decidem comprar uma marca específica e interagem de forma mais profunda por meio de processos de compra, consumo e/ou serviço.	Com o tempo, os consumidores podem desenvolver uma sensação de forte fidelidade à marca, refletida em retenção, recompra e defesa da marca perante seus pares.
Possíveis pontos de contato com o consumidor	• Aprender sobre a marca com seus pares • Ser exposto inadvertidamente à propaganda da marca • Lembrar-se de experiência passada	• Ser atraído pelas marcas • Criar um conjunto de marcas que serão levadas em consideração	• Pedir conselhos a amigos • Pesquisar avaliações on-line do produto • Contatar central de atendimento • Comparar preços • Testar o produto nas lojas	• Comprar na loja física ou on-line • Usar o produto pela primeira vez • Reclamar de um problema • Obter atendimento	• Continuar usando a marca • Recomprar a marca • Recomendar a marca a outros
Impressão-chave do consumidor	Eu sei	Eu gosto	Estou convencido	Estou comprando	Eu recomendo

Figura 5.2 Mapeamento do caminho do consumidor ao longo dos cinco As

podem pular uma ou outra fase ao longo do caminho do consumidor. Por exemplo, um consumidor pode não ser atraído por determinada marca de início, mas a recomendação de um amigo o leva a acabar comprando essa marca. Isso significa que o consumidor pulou a *atração* e foi direto da *assimilação* para a *arguição*. Por outro lado, também é possível que alguns saltem a *arguição* e impulsivamente realizem uma *ação* baseados somente na assimilação e na atração iniciais.

Em outros casos (por exemplo, em categorias escassas e muito populares), advogados de marca fiéis poderiam não ser necessariamente compradores. Os produtos Tesla, por exemplo, são bem defendidos por não compradores. Isso significa que os consumidores pulam a *ação* e vão direto para a *apologia*. O novo caminho do consumidor *não é necessariamente* um funil fixo de clientes, e eles *não passam necessariamente* pelos cinco As. Assim, da *assimilação à apologia*, o caminho poderia se expandir ou se estreitar em termos do número de clientes passando por cada estágio.

O novo caminho do consumidor poderia também ser uma espiral, na qual os consumidores retornam a estágios anteriores, criando um ciclo de feedback. Um consumidor que faz perguntas poderia acrescentar marcas novas à "lista da atenção" ou encontrar uma marca específica ainda mais atraente. Um cliente que tem problemas com um produto durante o consumo poderia pesquisar mais sobre ele antes de decidir se vai continuar usando esse produto ou se vai mudar para outro. Como o percurso poderia ser uma espiral, o número de marcas consideradas ao longo do caminho do consumidor poderia também flutuar pelos cinco As.

O tempo que os consumidores gastam no percurso até a compra também varia entre as categorias de cada setor, dependendo da importância percebida dessas categorias. Nas categorias de bens de consumo, por exemplo, *assimilação* e *atração* ocorrem quase simultaneamente. Assim, uma forte consciência da marca sem uma atração igualmente forte nessas categorias costuma não levar a nada. O tempo gasto na *arguição* também costuma ser bem curto. A descoberta espontânea é bastante comum. Os clientes decidem de forma instantânea e impulsiva quais marcas escolher ao percorrerem o corredor do supermercado. A maioria dos consumidores dá apenas uma olhada em cada marca disponível na loja e costuma não realizar pesquisas adicionais. Para artigos caros como imóveis e carros, por outro lado, os consumidores estão dispostos a despender mais tempo fazendo perguntas e pesquisas abrangentes antes de efetuar a compra.

O modelo dos cinco As é uma ferramenta flexível aplicável a todos os setores. Quando usado para descrever o comportamento dos consumidores, traça um quadro mais próximo do verdadeiro caminho percorrido por eles. Permite comparações entre setores, o que revela características do setor. Também fornece vislumbres do relacionamento de uma empresa com os consumidores em comparação com seus concorrentes. Por exemplo, quando uma empresa descobre que o caminho mais comum que seus clientes costumam percorrer é bem diferente daquele que é típico em seu setor, isso pode revelar uma diferenciação autêntica ou um problema oculto na experiência do cliente.

Da assimilação à apologia: a Zona POE

O maior objetivo do Marketing 4.0 é conduzir os consumidores da *assimilação* à *apologia*. Em geral, existem três fontes principais de influência que os profissionais de marketing podem empregar para conseguir isso. As decisões de um consumidor através dos cinco As costumam ser influenciadas por uma combinação da *própria* influência com a influência de *outros* e a influência *externa*. Vamos chamar essa combinação de Zona POE (ver Figura 5.3).

A influência *externa* vem de fontes estranhas ao consumidor. É deliberadamente disparada pelas marcas por meio de propaganda e outras formas de comunicação de marketing. Também pode vir de outras interfaces com os consumidores, como a equipe de vendas e equipe de serviço ao cliente. Do ponto de vista da marca, a influência *externa* ainda é administrável e controlável. A mensagem, a mídia e a frequência podem ser planejadas. Os pontos de contato gerais com o consumidor podem ser projetados, embora as percepções resultantes possam variar em função de quão satisfatória seja a experiência.

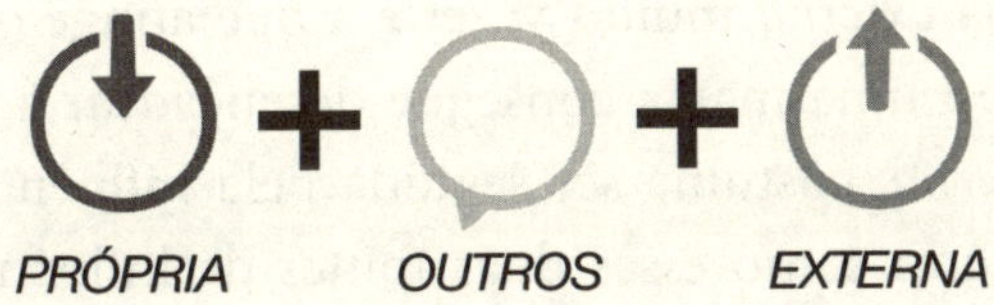

Figura 5.3 A Zona POE para conduzir os consumidores da assimilação à apologia

De forma semelhante, a influência dos *outros* também é oriunda do ambiente externo. Tipicamente, advém de um círculo próximo de amigos e familiares na forma de propaganda boca a boca. A influência dos *outros* também pode vir de uma comunidade maior, porém independente, à qual os consumidores pertençam. Por exemplo, eles podem ser influenciados por conversas das quais participaram em plataformas de redes sociais. Os consumidores também podem ser influenciados por sistemas de avaliação como TripAdvisor e Yelp. Nem todas as fontes de influência dos *outros* são iguais. Entre os muitos segmentos, os jovens, as mulheres e os *netizens* (JMN) são os mais influentes. A influência que eles exercem nos *outros* costuma ser um grande motivador para a compra.

Apesar do esforço das marcas, é difícil gerenciar e controlar o resultado da influência dos *outros*. A única maneira de fazê-lo é por meio do marketing de comunidade. As empresas não podem controlar diretamente a conversa dentro da comunidade, mas podem promover a discussão com a ajuda de clientes fiéis.

Por outro lado, a influência *própria* vem de si mesmo. Resulta de experiências passadas e interações com diversas marcas, do julgamento e da avaliação pessoais das marcas e, em última análise, da preferência individual pela(s) marca(s) escolhida(s). Com frequência, a preferência pessoal (*própria*) é inclinada para certas marcas pela propaganda boca a boca (dos *outros*) e pela publicidade (*externa*). De fato, as três grandes fontes de influência estão sempre entrelaçadas.

A influência *externa* muitas vezes é a que atinge os consumidores primeiro. Se uma marca consegue desencadear a conversa com influência *externa*, costuma ser seguida pela influência dos *outros*. No final, o modo como essas duas fontes de influência interagem moldará a influência *própria* dos consumidores.

Qualquer consumidor específico costuma ser influenciado pelos três tipos, ainda que em proporções diferentes. Alguns têm preferências pessoais mais fortes e não são muito influenciados por propagandas ou recomendações de amigos. Outros contam fortemente com a recomendação dos outros, e há ainda aqueles que acreditam nos anunciantes. Apesar das variações individuais, os consumidores atuais se apoiam mais na influência dos *outros* do que na influência *própria* ou *externa* pelos motivos que já discutimos. Uma pesquisa da Nielsen em 2015 revelou que 83% dos participantes em 60 países confiam nos amigos e na família como a fonte mais confiável de "publicidade", e 66% prestam atenção nas opiniões que os outros postam on-line.

Ao longo dos cinco As, os consumidores estão mais abertos a influências durante os estágios de *arguição* e *ação*. Na *arguição*, eles buscam conselhos e absorvem o máximo de informações possível, da influência dos *outros* e *externa,* sobre uma lista curta de marcas. Esse estágio serve como uma janela de oportunidade para os profissionais de marketing aumentarem a favorabilidade da marca. Durante o estágio de *ação*, os consumidores moldam as *próprias* percepções das marcas ao longo do tempo. Como nesse estágio não estão mais preocupados com a pressão *externa* para comprar, eles mantêm a mente aberta. As marcas que oferecem a experiência mais forte aos clientes durante o consumo e a utilização se tornarão as preferidas (ver Figura 5.4).

O nível de experiência dos consumidores também determina seu caminho. Compradores estreantes de uma categoria de produtos costumam passar por todos os cinco As e contam muito com a influência *externa*. Assim, muitos compradores estreantes acabam comprando marcas com maior participação no volume total de propaganda veiculada (*share of voice*).

À medida que ganham experiência após algumas rodadas de compras, passam a contar mais com os *outros*, às vezes pulam o estágio de *atração* e talvez mudem de marca. Os clientes mais experientes costumam ter a influência *própria* mais forte. Quando enfim elegem suas marcas favoritas, saltam a maioria dos estágios nos cinco As e usam as marcas de forma contínua até que elas os desapontem.

A Zona POE é outra ferramenta que ajuda os profissionais de marketing a otimizar seus esforços. Quando eles conseguem identificar a importância da influência *externa*, dos *outros* e *própria*, se tornam capazes de decidir em quais atividades se concentrar. Se a

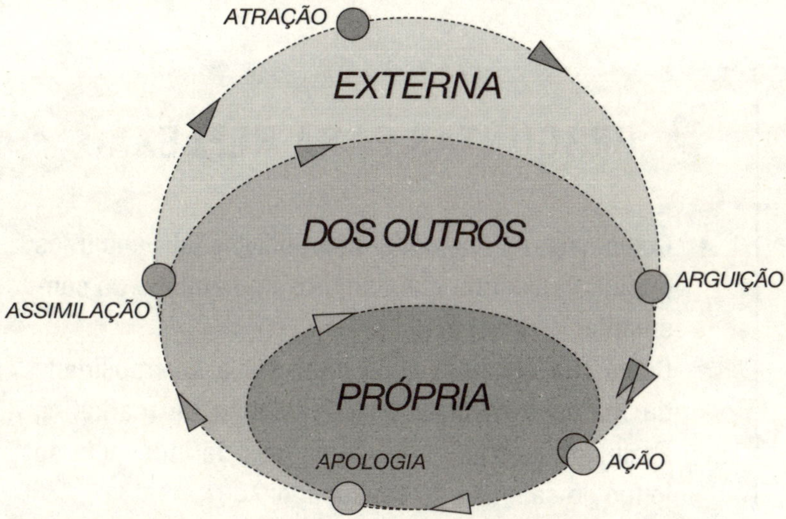

FIGURA 5.4 A Zona POE ao longo do caminho do consumidor

influência *externa* é mais importante do que as demais, os profissionais podem se concentrar mais nas atividades de comunicação de marketing. Por outro lado, quando a influência dos *outros* é a mais relevante, eles devem se voltar para as atividades de marketing de comunidade. E, caso a influência *própria* seja a preponderante, os profissionais de marketing devem se concentrar no desenvolvimento da experiência no pós-venda.

Resumo: Assimilação, atração, arguição, ação e apologia

Na economia digital, o caminho do consumidor deve ser redefinido como os cinco As – *assimilação*, *atração*, *arguição*, *ação* e *apologia* –, que refletem a conectividade entre os consumidores. O conceito de Marketing 4.0, em última análise, visa conduzir os clientes da assimilação à apologia. Ao fazê-lo, os profissionais de marketing devem alavancar três fontes principais de influência – *própria*, dos *outros* e *externa*. É o que chamamos de Zona POE, uma ferramenta útil capaz de ajudar os profissionais de marketing a otimizar suas campanhas.

PERGUNTAS PARA REFLEXÃO

- Como sua marca pode identificar e alavancar os pontos de contato mais críticos no caminho do consumidor?
- Como sua empresa pode melhorar a favorabilidade da marca e otimizar as campanhas de marketing avaliando as três fontes principais de influência ao longo do caminho do consumidor?

6 Métricas de produtividade do marketing

Coeficiente da Ação de Compra (CAC) e Coeficiente de Defesa da Marca (CDM)

Todos reconhecemos a importância da consciência de marca como o portão de entrada para o caminho do consumidor. No entanto, vemos com muita frequência profissionais de marketing em diferentes setores lutando para que sua marca seja a primeira a ser lembrada pelos consumidores (*top of mind*), mas vacilando em induzi-los à compra e, por fim, à defesa da marca. Gastam grandes somas de dinheiro para desenvolver aquela vantagem inicial da popularidade para depois contar com o "progresso natural" dos consumidores em seu caminho até a compra, sem realmente fazer a intervenção necessária.

A consciência de marca é de fato importante, e gerentes de marca sabem disso. Eles realizam pesquisas periódicas para avaliar quão bem o mercado recorda e reconhece suas marcas. A lembrança espontânea – em particular o *top of mind* – costuma ser seu objetivo. Alguns até acreditam que a participação na lembrança do consumidor é um bom indicador da participação de mercado. Isso é verdade em setores com baixo envolvimento dos consumidores e ciclo de compra curto (ou seja, bens de consumo embalados, para os quais a consciência de marca sozinha às vezes basta para levar à compra). Porém, nos setores com alto envolvimento e ciclo de compra longo, a consciência de marca é apenas o começo.

Em uma sala separada do outro lado do corredor, gerentes de atendimento rastreiam a satisfação e a fidelidade dos clientes. Um grande número de clientes encantados se reflete em um alto índice de fidelidade. A fidelidade em si tem sido redefinida como a disposição do cliente para recomendar uma marca específica. Assim, o objetivo é conquistar um alto número de clientes dispostos a defender as marcas – ou seja, contar com uma defesa de marca maior do que a de outras marcas.

Indicadores como consciência e defesa de marca, porém, têm fraquezas intrínsecas: enfocam mais o resultado do que o processo para alcançar o objetivo. Os indicadores são úteis para rastrear o progresso de uma marca e para medir o desempenho das equipes de gerenciamento de marca e de atendimento. Mas gerentes de marca e de atendimento muitas vezes têm dificuldade para entender por que suas notas sobem ou descem a cada trimestre. Com isso, mudanças nos resultados não estão sendo seguidas por nenhuma intervenção de marketing.

Além disso, gerentes de marca e gerentes de atendimento ao cliente não conversam necessariamente entre si quando se trata de realizar e analisar as próprias pesquisas. Por causa desses feudos organizacionais, as empresas muitas vezes deixam de ver qualquer correlação entre consciência e defesa de marca. Elas não enxergam o dado simples, mas importante, de quão eficazes são em converter pessoas que têm consciência da existência de suas marcas em clientes e até advogados fiéis.

Apresentando CAC e CDM

Um novo conjunto de métricas deve ser introduzido para resolver os problemas das medições atuais. Alinhadas com os cinco As, duas métricas são valiosas nesse quesito: o *coeficiente da ação de compra* (CAC) e o *coeficiente de defesa da marca* (CDM). O CAC mede quão bem as empresas "convertem" a consciência de marca em ações de compra. E o CDM faz o mesmo em relação à "conversão" da consciência de marca em defesa da marca. Essencialmente, estamos rastreando o número de consumidores que vão da *assimilação* (A1) à *ação* (A4) e, por fim, à *apologia* (A5).

Dentre uma população de 100 pessoas no mercado, por exemplo, a Marca X é espontaneamente lembrada por 90 delas. Dessas, somente 18 pessoas acabam comprando a marca e apenas 9 a recomendam de forma espontânea. Portanto, o CAC para a Marca X é 18/90, ou 0,2, e o CDM é 9/90, ou 0,1. Um olhar superficial sugere que a Marca X é promissora, já que sua consciência de marca é 0,9, mas na verdade seu desempenho é um tanto fraco. Ela deixa de converter 80% do alto nível de consciência de marca em vendas (ver Figura 6.1).

Essas duas métricas simples são inspiradas no tipo de coeficiente que os executivos financeiros usam para mensurar a saúde financeira, como o retorno sobre o patrimônio (ROE), que mede quanto lucro uma empresa gera com o patrimônio líquido investido pelos acionistas. O ROE ajuda os acionistas a rastrear a "produtividade" de seu dinheiro. De forma semelhante, o CAC e o CDM permitem aos profissionais de marketing medir a produtividade de seus gastos, particularmente os feitos para gerar consciência de marca.

Acontece que CAC e CDM são indicadores melhores para o retorno sobre investimentos em marketing (ROMI). Na maioria dos setores, os maiores desembolsos de marketing vão para aumentar a consciência de marca via publicidade. Assim, podemos considerar a consciência de marca um reflexo do "investimento em marketing" na equação do ROMI. O "retorno", por outro lado, é duplo. O primeiro é a *ação de compra*, que, da perspectiva da empresa, traduz-se diretamente em vendas. O segundo é a *defesa da marca*, que, indiretamente, se traduz em crescimento das vendas.

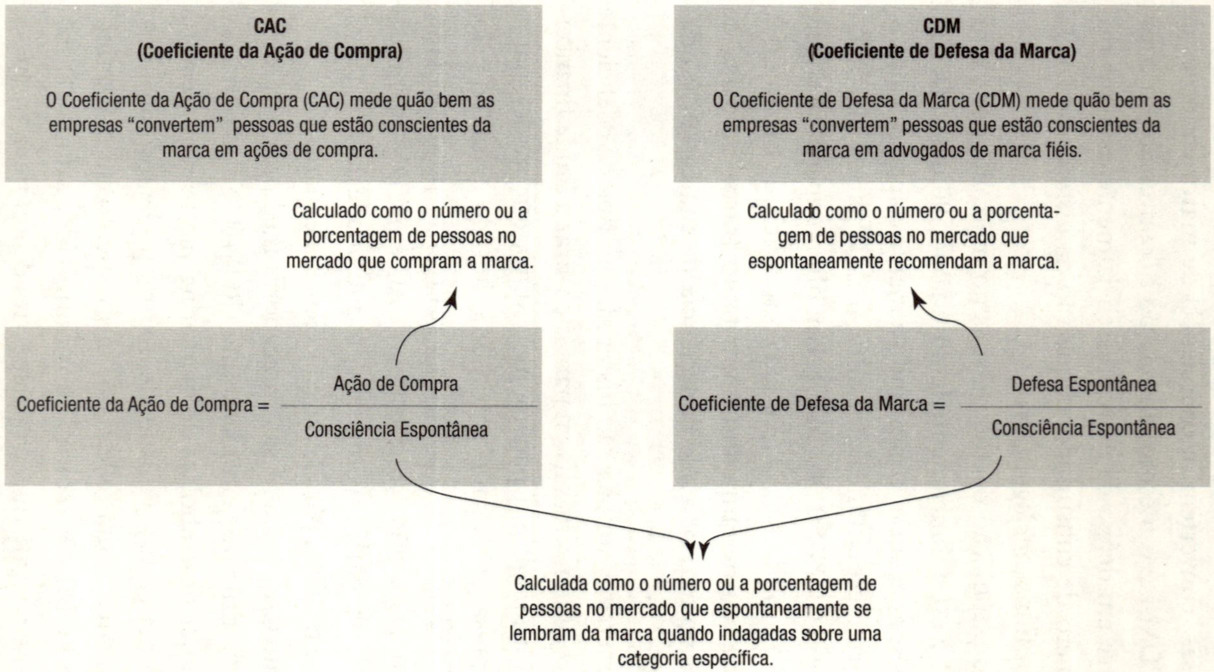

Exemplo:
De uma população de 100 pessoas no mercado, a Marca A é espontaneamente lembrada por 90 pessoas e, dessas, somente 18 compram a marca. O CAC para a Marca A é 18/90, ou 0,2. Apenas 9 pessoas defendem a marca. O CDM para a Marca A é 9/90, ou 0,1.

Figura 6.1 Novas métricas de produtividade (CAC e CDM)

Decompondo CAC e CDM

O valor dessas métricas não para por aí. Quando as empresas conseguem medir a "taxa de conversão" da assimilação à apologia, conseguem responder à pergunta predominante: como as empresas fazem as intervenções necessárias e aumentam o número de advogados de marca fiéis?

De novo, inspirados nos executivos financeiros, devemos decompor o CAC e o CDM em seus elementos. Em uma análise da DuPont, o retorno sobre o patrimônio (ROE) é visto como o produto de três grandes itens: *rentabilidade* (medida pela margem de lucro), *eficiência de uso dos ativos* (medida pela rotatividade de ativos) e *alavancagem financeira* (medida pelo multiplicador de patrimônio). Na comparação de marcas, um ROE maior poderia resultar de maior rentabilidade, uso de ativos mais eficiente e maior alavancagem. Um ROE melhor decorrente das duas primeiras causas é claramente um ótimo resultado. Mas um ROE melhor devido à alavancagem mais elevada requer um exame atento para determinar se a empresa está excessiva ou insuficientemente alavancada.

A decomposição do CAC e do CDM pode revelar fatos igualmente úteis. Acontece que o CAC pode ser calculado dividindo-se a *participação de mercado* pela *consciência de marca.* Assim, os profissionais de marketing podem fazer uma estimativa aproximada do aumento potencial da participação de mercado de suas marcas se aumentarem a consciência dessas marcas (ver Figura 6.2).

Por exemplo, a Marca X deseja gastar mais para aumentar em 1% a consciência de sua marca. Com base em um estudo anterior, a Marca X sabe que seu índice CAC é 0,5. Isso significa que metade dos gastos da Marca X está sendo desperdiçada no processo de gerar participação de mercado. Com todas as outras condições se mantendo iguais, a Marca X poderia esperar um aumento da participação de mercado de 0,5%. Embora essa seja apenas uma estimativa aproximada, ajuda os profissionais de marketing a planejar seus gastos com mais responsabilidade (ver Figura 6.3).

$$\text{COEFICIENTE DA AÇÃO DE COMPRA} = \frac{\text{Ação}}{\text{Mercado total}} \div \frac{\text{Assimilação}}{\text{Mercado total}}$$

$$= \frac{\text{Consumidores comprando a Marca X}}{\text{Mercado total}} \div \frac{\text{Consumidores conscientes da Marca X}}{\text{Mercado total}}$$

$$= \text{Participação de mercado} \div \text{Consciência de marca}$$

Figura 6.2 Coeficiente da Ação de Compra (CAC)

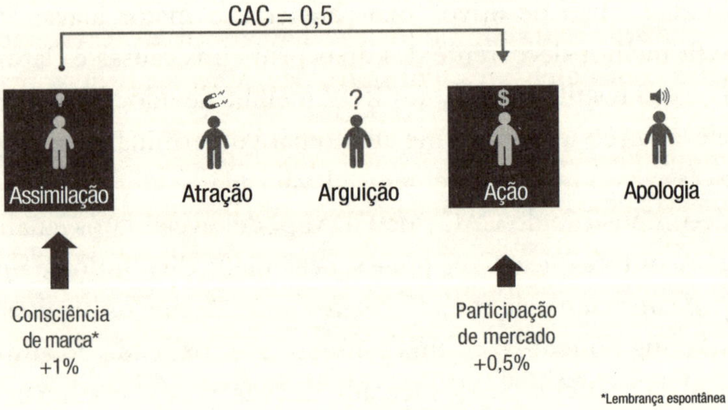

Figura 6.3 O que CAC realmente significa

Os profissionais de marketing também deveriam medir cada taxa de conversão, da assimilação à apologia. Uma taxa de conversão baixa de *assimilação* para *atração* de uma marca reflete baixa *atração* dos consumidores. Indica que aqueles que se tornam conscientes da marca não a acham atraente. Isso pode ser resultante de um posicionamento ruim ou de falhas na execução da comunicação de marketing. Resolver esses problemas pode resultar em um *nível de atração* mais próximo de 1.

Uma taxa de conversão baixa de *atração* para *arguição* de uma marca é sinal de baixa *curiosidade* dos consumidores. Eles não se sentem motivados a fazer perguntas e pesquisas sobre a marca. Isso geralmente resulta da incapacidade de uma empresa de desencadear conversas e promover o compartilhamento de informações entre consumidores. Entretanto, o *nível de curiosidade* de uma marca nunca deve ser alto demais. Quando os consumidores têm muitas perguntas, isso significa que a mensagem da marca está obscura. Um nível de curiosidade muito alto também requer que as marcas tenham capacidade suficiente de responder às perguntas dos consumidores diretamente (por seus canais de comunicação) e indiretamente (por advogados de marca fiéis). Infelizmente, os profissionais de marketing nunca podem controlar o resultado de conversas com defensores. Portanto, dentre as taxas de conversão ao longo dos cinco As, o *nível de curiosidade* é a única que não deve estar muito perto de 1.

Uma taxa de conversão baixa de *arguição* para *ação* de uma marca indica *compromisso* baixo. As pessoas estão conversando sobre a marca sem assumir o compromisso de comprar. Em geral, isso significa que a marca não conseguiu converter o interesse confirmado em ação de compra em seu canal de distribuição. Existem muitas falhas possíveis do mix de marketing (quatro Ps: produto, preço, ponto de venda, promoção) que podem contribuir para esse fracasso: os consumidores podem se desapontar com o produto ao testá-lo, o preço pode estar alto demais, o vendedor não é convincente ou o produto não está prontamente disponível no mercado. Corrigir esses problemas ajudará a marca a aumentar o *nível de compromisso*.

Uma taxa de conversão baixa de *ação* para *apologia* de uma marca indica baixa *afinidade*: consumidores que testaram a marca não estão encantados o suficiente para recomendá-la. A taxa de conversão baixa pode ser o resultado de um serviço pós-venda ruim ou de um mau desempenho do produto. Os consumidores são atraídos para adquirir a marca, mas acabam se desapontando com a compra. Melhorar a experiência de consumo ajudará a aumentar o *nível de afinidade* (ver Figura 6.4).

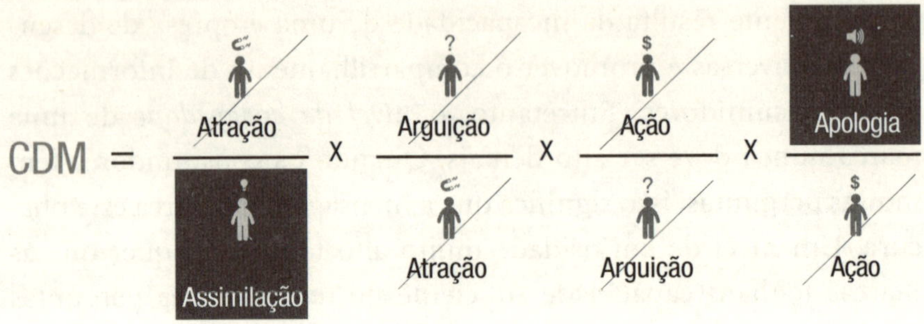

Figura 6.4 O que CDM realmente significa

Quando decompostas em seus elementos, as notas de CAC e CDM refletem o processo, e não apenas o resultado. Desenvolver a fidelidade dos clientes é um processo longo, em espiral, de criar atração desencadeando curiosidade, assegurando o compromisso e, finalmente, construindo afinidade. O ideal para uma marca é que cada consumidor que interaja com ela passe pelos cinco As sem sofrer reveses. Em outras palavras, a nota de CDM ideal é 1: todo cliente que está consciente da marca acaba recomendando-a. Mas no mundo real uma nota CDM 1 perfeita raramente ocorre. Com frequência, certa proporção de clientes cai fora e não completa os cinco As.

Uma taxa de conversão mais baixa em qualquer estágio ao longo dos cinco As revela um gargalo. Como um gargalo nas linhas de produção, um gargalo nos cinco As reduz a produtividade de todo o caminho do consumidor. Identificar o gargalo que limita o CAC e o CDM permite aos profissionais de marketing localizar com precisão o problema e solucioná-lo. Com esse processo de diagnóstico simples, os profissionais sabem exatamente qual intervenção fazer ao longo do caminho do consumidor. Em vez de tentar melhorar de forma generalizada, agora eles podem concentrar sua atenção no que realmente importa. Alterar o ponto de contato onde está o gargalo muitas vezes leva a notas de CAC e CDM maiores, mais próximas de 1. O objetivo desse exercício é melhorar a produtividade do marketing e evitar desperdícios nos gastos de marketing (ver Figura 6.5).

Figura 6.5 Possível intervenção da empresa para aumentar as taxas de conversão

Aumento da produtividade

Uma forma de obter mais advogados de marca fiéis é melhorar a assimilação. Quanto mais pessoas se lembrarem da marca, maiores as chances de que ela seja recomendada. Mas essa abordagem é cara e vem forçando as empresas a lutar por maior participação no volume total de propaganda veiculada (*share of voice*), com orçamento elevado de comunicação de marketing. Como os profissionais de marketing podem melhorar a consciência da marca sem aumentar demais o orçamento de marketing?

O maior benefício da conectividade no caminho do consumidor é a oportunidade de aumentar a assimilação desencadeando conversas entre consumidores. Alguém que não estava consciente da existência de uma marca poderá acabar sabendo sobre ela após ouvir uma conversa.

Deveríamos pensar nas conversas dos consumidores como alavancagem. Em finanças, dívida fornece alavancagem. Cria um efeito multiplicador sem aumentar o patrimônio líquido. Em épocas favoráveis, a dívida amplia os lucros, ao passo que em épocas ruins ela amplia os prejuízos. A alavancagem ajuda uma empresa a aumentar o retorno potencial de seu investimento. Mas uma empresa com dívida bem superior ao patrimônio líquido é considerada altamente alavancada, correndo grande risco de inadimplência.

Na era digital, a conversa dos consumidores – ou influência dos *outros* – é equivalente à "dívida", e a propaganda – ou influência *externa* – é equivalente ao "patrimônio líquido". A conversa dos consumidores promove alavancagem. É basicamente um meio de baixo custo de aumentar a consciência de marca sem depender tanto da publicidade. Só que vem acompanhada de riscos. A conversa dos consumidores é livre. As empresas não conseguem controlar seu teor de forma direta. Quando é favorável, amplia o patrimônio líquido da marca. Mas, quando não é, prejudica a marca. A favorabilidade da marca está nas mãos dos consumidores. Marcas com diferenciação autêntica embutida em seu DNA têm maior probabilidade de entrar em conversas favoráveis.

Desenvolver conversas de consumidores em torno de marcas tem seus benefícios. Permite às empresas reduzir o volume de publicidade e, portanto, aumentar a produtividade do marketing. No entanto, mesmo as melhores marcas do mundo não podem depender somente de conversas de consumidores. Vez ou outra, as marcas precisam realizar campanhas publicitárias para evitar os riscos da alavancagem excessiva. Elas precisam influenciar de fora o rumo da conversa.

Uma abordagem alternativa para criar mais advogados de marca fiéis é elevar as notas de CAC e CDM melhorando os pontos de contato críticos no caminho do consumidor da assimilação à apologia. Para superar cada um dos quatro gargalos possíveis que costumam ocorrer ao longo dos cinco As, os profissionais de marketing precisam de um conjunto de estratégias e táticas. Cada conjunto de soluções visa abordar um problema subjacente que impede os consumidores de avançar para o estágio seguinte.

1. Aumente a atração

Se a maioria dos consumidores não acha uma marca interessante embora esteja familiarizada com ela, a marca possui um problema de atração. O problema pode vir do produto que a marca representa ou da própria marca. Quando as proposições de valor do produto não são atraentes, nem uma campanha de marca inteligente e um orçamento enorme poderão ajudar. Uma execução ruim da comunicação da marca também pode ser a causa de uma baixa atração, ainda que as proposições de valor reais sejam superiores.

Então o que torna uma marca atraente hoje em dia? Na era digital, em que os consumidores estão cercados de interações de base tecnológica, as marcas que são humanizadas tornam-se mais atraentes. Os consumidores cada vez mais estão buscando marcas centradas no ser humano – marcas cujas personalidades se assemelham às das pessoas e que são capazes de interagir com os clientes como amigos iguais.

Alguns consumidores sentem-se atraídos por marcas que defendem fortes valores sociais e ambientais. Essas marcas estão praticando o Marketing 3.0 e fazem os clientes se sentirem bem. Uma marca como The Body Shop fornece transformação sociocultural. Ela promove a justiça social de várias formas: empoderamento das mulheres, comércio justo e diversidade de funcionários. Desde a morte da fundadora Anita Roddick, porém, a marca perdeu parte do apelo "ativista". Para renovar a marca, em seu 40º aniversário foi lançada a campanha "Enriquecer, e não Explorar". O objetivo foi atrair clientes fiéis que apoiam de forma ativa a missão da marca, bem como clientes que se sentem bem comprando uma marca tão socialmente responsável.

Outro exemplo é o Bank Rakyat Indonesia (BRI), que financia empreendedores nos setores mais desfavorecidos da sociedade para mitigar a pobreza. Como maior microemprestador do mundo e também banco mais rentável da Indonésia, a instituição persegue sua missão com seriedade. O banco recentemente adquiriu e lançou o próprio satélite – o primeiro banco no mundo a fazê-lo –, o que permite atender melhor os clientes no país inteiro, sobretudo os empreendedores pobres em áreas remotas. A Timberland é outro exemplo importante. A marca de estilo de vida ao ar livre recentemente prometeu plantar 10 milhões de árvores (cumulativamente, desde 2001) e usar fontes renováveis para suprir metade das necessidades de energia de suas instalações.

Os consumidores também podem ser atraídos por marcas que oferecem experiências e representam certos movimentos de estilo de vida. Essas marcas recorrem a modelos de negócios incomuns, sendo percebidas como descoladas. Elas sensibilizam os consumidores com ótimas histórias sobre suas missões inspiradoras. A Casper, uma marca de colchões, está redefinindo o modo como as pessoas compram colchões e ajudando-as a dormir melhor. Suas práticas comerciais são incomuns no setor. A empresa vende apenas um tipo "perfeito" de colchão, concebido para oferecer a melhor qualidade de sono, ao passo que os concorrentes oferecem muitas variedades. As vendas são feitas pela internet e um colchão de casal é comprimido em uma caixa de 0,5 x 0,5 x 1 metro facilmente despachada pelo correio ou por uma transportadora. Além disso, ainda oferece um período de teste de 100 noites, frete grátis e aceita devoluções. É bastante conveniente e seguro para consumidores sem tempo suficiente para selecionar o modelo ideal e transportar o colchão. A capacidade da Casper de permanecer atraente a longo prazo, porém, ainda é uma incógnita.

A Tesla é outro exemplo de marca de estilo de vida com ampla atratividade. Os consumidores aguardam alguns anos em uma fila para obterem seus Teslas. A empresa, cujo fundador, Elon Musk, tem uma imagem que segue a mesma linha revolucionária de Steve Jobs, conta histórias atraentes sobre o futuro dos carros e o movimento da energia sustentável. Uma marca como a Tesla fornece aos clientes uma plataforma na qual se expressarem. Para os clientes, possuir um Tesla envolve uma ótima experiência de direção e uma declaração de quem eles são.

Muitos consumidores também podem se sentir atraídos por marcas capazes de personalizar seus produtos e serviços e atender às necessidades exatas de seus clientes. Estamos vivendo em um mundo em que a demanda está fragmentada e o mercado é heterogêneo. De forma simples, o Burger King lançou a tendência da customização com a campanha "Tenha do seu jeito" em meados da década de 1970.

Décadas depois, a tendência de customização continua se fortalecendo. Felizmente, a tecnologia permitiu às marcas fazerem a customização em massa. As marcas podem usar a análise de big data para entender o comportamento e a preferência de um cliente individual. Assim, elas podem fornecer aos clientes o que eles desejam, quando desejam e onde desejam. A NIKEiD, que permite aos clientes projetarem os próprios calçados e trajes esportivos, é uma das marcas de maior sucesso na área da customização em massa.

É importante para a marca ter uma diferenciação autêntica que a torne fortemente atraente. Quanto mais ousada, audaciosa e incomum for a diferenciação, maior será a atratividade da marca.

2. Otimize a curiosidade

George Loewenstein, da Universidade Carnegie Mellon, fornece uma das definições mais simples de curiosidade: a sensação de privação que vem de uma lacuna de informação entre o que sabemos e o que queremos saber.

Separadamente, os psicólogos Jean Piaget e Daniel Berlyne encontraram uma correlação entre surpresa e curiosidade. Piaget argumentou que a curiosidade segue uma curva em forma de U invertido: ficamos mais curiosos quando existe um nível ótimo de desvio entre o que esperamos e o que realmente experimentamos. Quando temos pouca ou nenhuma expectativa, não temos motivo para ficar curiosos. Quando temos uma forte expectativa, tendemos a evitar descobrir a "verdade" e, assim, temos pouca curiosidade. Berlyne também argumentou que, quando as pessoas são surpreendidas, sentem-se empolgadas e começam a explorar mais.

No marketing, a curiosidade advém de fornecer aos consumidores um conhecimento atraente sem revelar demais. Assim, criar curiosidade envolve uma abordagem conhecida como *marketing de conteúdo*: um conjunto de atividades relacionadas a criar e distribuir conteúdo que seja relevante para a vida dos consumidores, mas também fortemente associado a determinada marca.

Em alguns casos, a marca é óbvia e isso impele o tráfego rumo aos conteúdos. Alguns exemplos são a General Electric, que fornece conteúdo sobre ciência, e o Chase, que oferece conteúdo interessante sobre planejamento financeiro e estilo de vida em seus sites.

Em outros casos, os consumidores muitas vezes deparam com certos conteúdos que acham interessantes enquanto navegam e pesquisam na internet. Ao explorar mais, podem descobrir que há uma determinada marca por trás desse conteúdo instigante e podem vir a gostar dela. O *podcast* de ficção científica *The Message*, da GE, e sua revista on-line *Txchnologist* são exemplos disso. Outro exemplo é a *Departures*, uma revista de luxo que cobre viagens, moda, compras, estilo de vida, arte e cultura. Ao percorrer o site, os leitores com frequência topam com conteúdo exclusivo disponível apenas para clientes do American Express. A *Departures* acabou sendo comprada da American Express pela Time Inc. em 2013.

A concepção e o processo de criação do conteúdo são apenas metade do marketing de conteúdo. Isso envolve identificar temas únicos que sejam relevantes para os consumidores e que tenham conexão com as marcas. O conteúdo pode ser disponibilizado em formatos variados, tanto escritos (artigos, *white papers*, estudos de caso, press releases e até e-books) quanto gráficos e visuais (infográficos, quadrinhos, gráficos interativos, jogos, vídeos e até filmes).

A outra metade do marketing de conteúdo compreende a distribuição e a ampliação do conteúdo. Da mesma forma que a propaganda, o conteúdo precisa ser colocado na mídia correta. A forma mais simples de distribuir conteúdo é por um canal de mídia da própria empresa, como sites corporativos e contas de mídia social. Se houver orçamento adicional disponível, a publicidade local por um canal de mídia pago é uma alternativa. Em essência, a publicidade local envolve distribuir conteúdo por veículos conhecidos, com os mesmos formatos e estilos considerados familiares por seus leitores. Quando o conteúdo é realmente autêntico, pode se autodistribuir viralmente por meio de propaganda boca a boca e compartilhamento de mídia social. Chamamos isso de canal de mídia conquistado. Para esse propósito, as marcas talvez precisem fazer ativamente marketing de comunidade, além de marketing de mídia social.

Para capitalizar curiosidade, bons profissionais de marketing tornam o conteúdo prontamente disponível sempre que os clientes o procuram. Ele deve ser "pesquisável" e "compartilhável". O Google lançou o chamado Momento Zero da Verdade (ZMOT), uma fase pré-compra na qual consumidores curiosos pesquisam e processam mais informações. Ela precede a primeira interação com a marca, ou o que o Google chama de Primeiro Momento da Verdade. Pesquisas realizadas pelo Google revelaram que "pesquisar on-line" e "conversar com amigos e familiares" são as duas maiores fontes de Momento Zero da Verdade. É papel dos profissionais de marketing assegurar que, quando os consumidores pesquisarem on-line ou fizerem perguntas aos amigos e familiares, suas marcas apareçam de forma convincente.

3. Aumente o compromisso

Atrair e convencer os consumidores são passos importantes para conquistar advogados de marca fiéis. Mesmo assim, a tarefa se acha longe de estar concluída. Os profissionais de marketing precisam assegurar que os consumidores acabem comprando e usando suas marcas. Imagine um consumidor que ficou sabendo sobre uma marca na TV e foi pesquisar mais sobre ela na internet. Ele foi enfim convencido de que a marca é a escolha certa depois de ler o que ela representa. O consumidor agora tenta comprar a marca on-line, mas descobre que só está disponível em uma loja em um local remoto. Ele pode decidir que não vale a pena gastar tempo para ir até lá comprar a marca. Nesse cenário, o caminho do consumidor é interrompido abruptamente porque a marca não consegue garantir a disponibilidade. O consumidor também pode decidir ir até o local para comprar a marca. Quando a experiência da loja – aspecto físico, processo de venda e vendedores – deixa de atender às expectativas desse cliente, seu caminho é mais uma vez interrompido. Assim, a capacidade de firmar o compromisso do consumidor depende da disponibilidade do canal e da capacidade de entregar uma experiência superior.

Aumentar o compromisso do consumidor envolve o marketing onicanal, que fornece uma experiência on-line/off-line integrada aos consumidores independentemente dos pontos de contato. Pode incluir a experiência do cliente em uma loja física, um site, um aplicativo para celular, uma central de atendimento ou outro canal. O segredo não está apenas em cercar os consumidores com muitas opções de ponto de contato, mas fornecer uma experiência contínua à medida que eles passam de um canal para outro. É importante observar que os consumidores são, na verdade, indiferentes quanto ao canal. Eles não agem pensando no canal, mas esperam uma experiência coerente e contínua ao longo de seu caminho até a compra.

Como diferentes pontos de contato são geridos por diferentes pessoas com diferentes orçamentos e objetivos dentro de uma organização, o maior obstáculo à entrega de uma experiência contínua consiste nos feudos organizacionais, que costumam levar a conflitos entre canais. Os profissionais de marketing devem destruir esses feudos e colocar-se na pele dos clientes. Precisam mapear o caminho do consumidor usando o cenário mais completo e definir o papel de cada canal para induzi-los a se comprometerem com a compra. Nesse caso, os canais deveriam ser transformados para passar de especialistas em mercado (atendendo a segmentos específicos do mercado) e especialistas em produtos (vendendo categorias específicas de produtos) a especialistas em atividades (desempenhando papéis específicos ao longo do caminho do consumidor). Apesar de se tornar especialista em atividades específicas, cada canal com frequência é autorizado a fechar uma venda.

A Macy's é um bom exemplo disso. Alguns anos atrás, ela descobriu o relacionamento entre seu negócio on-line e suas lojas físicas. Um dólar gasto na otimização de seu site com técnicas de SEO (*search engine optimization*) resultava em seis dólares de compras nas lojas. Desde então, a Macy's vem integrando suas operações off-line e on-line. Os consumidores podem pesquisar um produto em seus telefones celulares e verificar sua disponibilidade em lojas próximas. Eles têm a opção de comprar o produto direto pelo site da Macy's via comércio eletrônico ou em uma loja próxima.

A Macy's tornou-se indiferente ao canal e ao fato de os clientes comprarem produtos on-line ou off-line. Os consumidores assumem um compromisso maior quando podem fazer as compras no momento em que desejam. A Macy's combinou os orçamentos de dois feudos em um único orçamento de marketing, tornando-se, assim, capaz de otimizar os gastos com o objetivo unificado de entregar a melhor experiência que culmine no maior número de vendas.

A Walgreens é outro exemplo. Com lojas presentes em todos os cantos dos Estados Unidos, a empresa consegue enviar ofertas personalizadas a clientes próximos mediante seu aplicativo para celular. As ofertas oportunas e relevantes induzem os clientes a assumir compromissos e visitar lojas próximas para fazer compras. O aplicativo para celular resultou em mais de 5 milhões de visitas mensais às lojas e as pessoas que o utilizam acabam gastando seis vezes mais do que os clientes comuns das lojas.

4. Aumente a afinidade

Os profissionais de marketing com visão de longo prazo consideram o fechamento de uma venda como o início de um relacionamento potencialmente recompensador. É também um momento-chave de verdade na construção da defesa da marca. Para a maioria dos clientes, a experiência pós-compra, que inclui o consumo e o serviço pós-venda, com frequência consiste em avaliar se o desempenho do produto ou serviço é compatível com as alegações pré-venda. Quando a experiência real corresponde às expectativas ou mesmo as excede, os clientes desenvolvem uma sensação de afinidade, o que torna mais provável que se convertam em advogados de marca fiéis. Com isso, os profissionais de marketing podem se beneficiar do valor do tempo de vida do cliente (*customer lifetime value*) e do valor das indicações do cliente (*customer referral value*).

Para melhorar a experiência pós-compra, os profissionais de marketing deveriam estender os pontos de contato e permitir mais interações com os clientes além das normais. À satisfação com o produto e à experiência com o serviço, esses profissionais podem acrescentar programas de engajamento do cliente.

Com a humanização das marcas, o engajamento do cliente está ganhando importância. Ele rompe as barreiras entre as empresas e os consumidores e permite que interajam como amigos. Na era digital, os profissionais de marketing precisam definir o equilíbrio entre o engajamento via pontos de contato e via tecnologia, dependendo da personalidade de seus clientes. Há um amplo espectro de interações possíveis, que incluem diversos tipos de interface de serviço ao cliente, interações em mídia social e gamificação.

A Ritz-Carlton tem a conhecida reputação de usar um toque humano para engajar seus clientes. A rede de hotéis é famosa por dar autonomia aos funcionários a fim de que surpreendam positivamente os clientes. Um exemplo foi quando a girafa de pelúcia de uma criança desapareceu durante sua estadia no hotel. Os pais foram obrigados a contar à criança uma mentirinha, dizendo que a girafa estava de férias. O hotel fez um grande esforço para corroborar a história e enviou prova documental das férias da girafa no hotel.

A loja varejista on-line de calçados Zappos, por exemplo, é conhecida pela atuação de suas centrais de atendimento no engajamento dos clientes. Uma mulher que tinha problemas nos pés e estava com dificuldades para encontrar sapatos adequados encomendou seis pares da Zappos, marca famosa por aceitar devoluções sem cobrar nada. A cliente decidiu ficar com dois pares e devolver os demais. Após uma conversa telefônica amigável inicial, uma vendedora da Zappos enviou flores à cliente só para mostrar que se solidarizava com ela.

A mídia social também é uma ferramenta poderosa para o engajamento do cliente. Uma pesquisa de Rilling, Sanfey, Aronson, Nystrom e Cohen revelou por que a mídia social se tornou tão popular. O estudo mostra que, para os seres humanos, a interação face a face exige mais envolvimento emocional do que a interação homem-máquina. Assim, comunicar-se por aplicativos de mensagens instantâneas e ferramentas de mídia social tornou-se fácil para as pessoas. Quando os consumidores querem evitar uma interação emocionalmente desgastante – por exemplo, ao reclamar de um serviço ruim –, costumam optar pela interface eletrônica. Uma pesquisa da J. D. Power revelou que 67% dos consumidores americanos usaram a mídia social de uma empresa para fins de suporte.

Outra abordagem para estimular o engajamento que é agradável aos clientes é a *gamificação*, que utiliza a mecânica dos jogos para aumentar a interação com uma marca. Como os jogos são divertidos, viciantes e competitivos, estimulam subconscientemente determinados comportamentos nos clientes.

O programa Starbucks Rewards é um meio de a rede de cafeterias desenvolver um forte engajamento com seus clientes. Ele os recompensa por cada transação em diferentes níveis, com diferentes bônus e benefícios. O objetivo é motivar os clientes a aumentar as transações e melhorar seu status.

A Walgreens também engaja os clientes pela gamificação. Integrado a rastreadores de atividades, o aplicativo da Walgreens recompensa os clientes que se envolvem em comportamentos saudáveis, como caminhar, correr ou andar de bicicleta. O Banco OCBC, em colaboração com a PlayMoolah, ensina as crianças a tomar decisões financeiras inteligentes com o uso de jogos. Com a gamificação, ensina-se subconscientemente às crianças que toda decisão que tomam gera consequências.

Resumo: Coeficiente da Ação de Compra e Coeficiente de Defesa da Marca

Em consonância com o caminho do consumidor ao longo dos cinco As, apresentamos um conjunto de novas métricas – o Coeficiente da Ação de Compra (CAC) e o Coeficiente de Defesa da Marca (CDM) – que podem avaliar melhor a eficácia dos profissionais de marketing em conduzir os clientes da *assimilação* à *ação* e finalmente à *apologia*. Em essência, CAC e CDM permitem aos profissionais de marketing medir a produtividade de suas atividades de marketing.

PERGUNTAS PARA REFLEXÃO

- Como sua empresa pode adotar os novos indicadores CAC e CDM para medir a produtividade do marketing?
- Como sua empresa pode desencadear conversas de consumidores favoráveis para promover a consciência da marca sem aumentar demais o orçamento de marketing?

7 Arquétipos dos setores e melhores práticas

Canal, marca, vendas e gestão de serviços

Para entender os resultados do mercado, precisamos lançar mão do conceito do caminho do consumidor, que mostra como os consumidores avançam de nenhuma consciência em relação a um produto ou serviço até a alta consciência, o interesse, a compra, a recompra e a propaganda boca a boca.

Na vida real, os caminhos dos consumidores são bem complexos e heterogêneos, envolvendo diferentes combinações de mídias tradicionais e digitais. O mercado no qual as marcas atuam influencia a complexidade desse percurso. Um setor com baixos riscos de compra – em geral, por causa de níveis baixos de preço e alta frequência de compra – costuma apresentar um caminho do consumidor mais simples e curto. Por outro lado, um setor com altos riscos de compra normalmente demanda alto envolvimento dos clientes e, assim, tem um caminho do consumidor mais complexo e longo. Além disso, o mesmo setor muitas vezes exibe diferentes padrões para esses caminhos em diferentes mercados geográficos.

Até no mesmo setor e na mesma área geográfica, diferentes marcas podem mostrar diferentes padrões para o caminho do consumidor.

Marcas maiores tendem a ter mais pontos de contato, permitindo aos clientes experimentar um conjunto maior de possibilidades de interação. Marcas menores tendem a estabelecer uma intimidade mais profunda, com um número limitado de pontos de contato. As características dos segmentos de consumidores com os quais as marcas se envolvem e as decisões de posicionamento de marca também contribuem para essa heterogeneidade.

Por isso simplificamos diferentes possibilidades de caminhos do consumidor no modelo genérico dos cinco As, que pode ser aplicado a todos os setores. Com o mesmo modelo genérico, somos capazes de obter padrões que definem diversos arquétipos de setores-chave. Especialmente nesta era de convergência tecnológica e inovação disruptiva, os limites entre os setores estão se confundindo. Usando o modelo dos cinco As, podemos descobrir como outros setores enfrentam seus desafios. Além disso, é possível obter vislumbres de como vencer em um setor específico comparando as estatísticas do Coeficiente de Defesa da Marca (CDM).

Quatro grandes arquétipos dos setores

Visualizar as taxas de conversão – níveis de atração, curiosidade, compromisso e afinidade – ao longo dos cinco As ajuda a revelar importantes informações sobre características do setor. Descobrimos ao menos quatro grandes padrões presentes em todos os setores: "maçaneta de porta", "peixinho dourado", "trompete" e "funil". Cada padrão representa o arquétipo de um setor diferente, com um modelo específico de comportamento do consumidor e um conjunto diferente de desafios (ver Figura 7.1).

Padrão 1: Maçaneta de porta

O primeiro padrão, e o mais comum, é o maçaneta de porta. A característica mais distintiva desse padrão é o alto compromisso, apesar

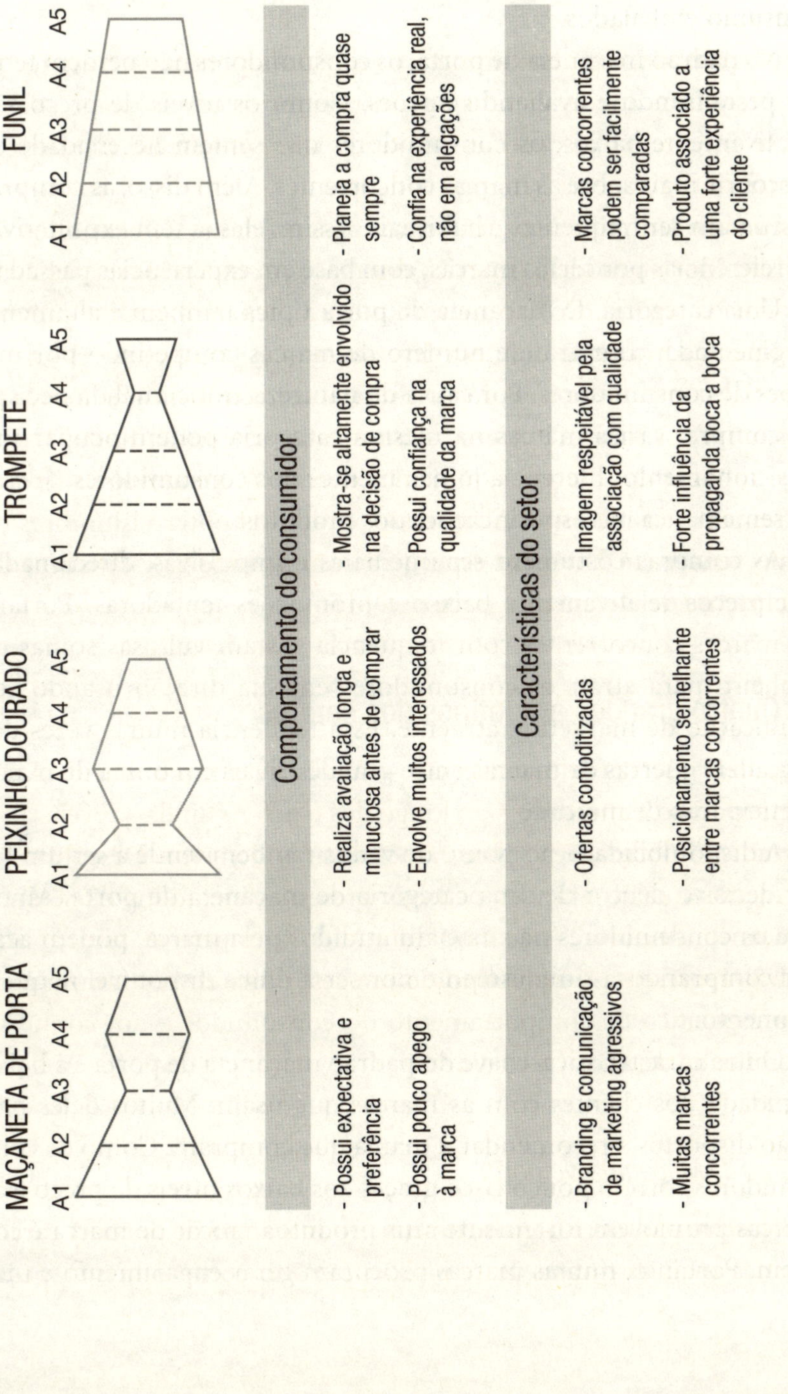

Figura 7.1 Mapeamento dos arquétipos dos setores

do baixo nível de curiosidade. Um setor bem conhecido que apresenta o caminho do consumidor de "maçaneta de porta" é o dos bens de consumo embalados.

No padrão maçaneta de porta, os consumidores não perdem tempo pesquisando e avaliando opções. Como os níveis de preço são relativamente baixos, os consumidores não sentem necessidade de descobrir mais sobre as marcas concorrentes. Além disso, as compras costumam ser frequentes e habituais. Assim, eles já têm expectativas e preferências por certas marcas, com base em experiências passadas.

Uma categoria de maçaneta de porta típica também é altamente fragmentada, com grande número de marcas competindo por milhões de consumidores. Por causa da natureza emocional da decisão de compra, várias marcas na mesma categoria podem ocupar um posicionamento diferenciado nas mentes dos consumidores, apesar da semelhança nas especificações dos produtos.

As compras costumam ser imediatas e impulsivas, direcionadas por preços relativamente baixos e promoções tentadoras. Portanto, marcas concorrentes com frequência gastam vultosas somas de dinheiro para atrair os consumidores em sua direção usando comunicação de marketing atraente. Essa tendência muitas vezes desencadeia guerras de marcas entre grandes rivais em busca de maior participação de mercado.

A disponibilidade no ponto de venda também tende a ser um fator decisivo dentro de uma categoria de maçaneta de porta. Ainda que os consumidores não estejam atraídos pela marca, podem acabar comprando-a simplesmente por ser a única disponível naquele momento.

Outra característica-chave do padrão maçaneta de porta é a baixa afinidade dos clientes com as marcas que usam. Muitos deles não estão dispostos a recomendar a marca que compram. Como os consumidores correm pouco risco graças aos baixos níveis de preço e as marcas promovem fortemente seus produtos, trocar de marca é comum. Portanto, muitas marcas procuram gerar engajamento e melhorar a fidelidade dos clientes. A Coca-Cola, por exemplo, lançou o My Coke Rewards, em que os membros ganham pontos ao comprar uma garrafa de Coca-Cola e realizar diversas atividades, como acessar jogos e interagir pela mídia social. Com base em seus pontos, os membros são classificados nos níveis bronze, prata e ouro, com benefícios adicionais para os níveis mais elevados.

Padrão 2: Peixinho dourado

O segundo grande padrão é o peixinho dourado. O aspecto mais característico desse padrão é um alto nível de curiosidade (*arguição* > *atração*). O caminho do consumidor do tipo peixinho dourado é encontrado sobretudo nos contextos de empresa para empresa (*business-to-business*, ou B2B).

Nessa categoria, os consumidores costumam avaliar muitos fatores antes de escolher a marca. Com frequência, sentem necessidade de fazer perguntas, avaliar conselhos de terceiros e interagir com várias marcas concorrentes antes de tomar a decisão de compra. Em muitos casos, marcas concorrentes, mesmo as maiores, encontram-se presas em um setor altamente comoditizado no qual a publicidade tem pouco efeito – daí o baixo nível de atração. É comum os integrantes do setor enfrentarem dificuldades para projetar e transmitir sua diferenciação. No fim das contas, os concorrentes acabam oferecendo soluções combinadas semelhantes e os consumidores gastam mais tempo para avaliar as alternativas e encontrar a melhor oferta.

O processo de compra costuma ser bem longo, envolvendo numerosos interessados com objetivos diferentes. Na maioria dos casos, os compradores gerenciam uma organização de compras complexa, apoiados por equipes com grande conhecimento sobre os produtos e grande capacidade de aquisição. Tanto compradores quanto vendedores costumam ser bem especializados, com um pequeno número de vendedores fazendo ofertas para um pequeno número de compradores. Portanto, seus processos de pesquisa e avaliação (o estágio *arguição*) com frequência são bastante minuciosos e os resultados da avaliação de marcas concorrentes são tipicamente bem semelhantes. Em muitos casos, a intimidade com o cliente torna-se o fator decisivo.

Embora sejam raros, existem casos do padrão peixinho dourado em mercados de empresa para consumidor (*business-to-consumer*, ou B2C), sobretudo em setores com alto envolvimento – com níveis altos de preço –, mas com ofertas muito comoditizadas. Um exemplo é o setor de turismo. No caso específico de viagem em família, a decisão de compra envolve um grupo de interessados (pais e filhos) e um processo de compra relativamente longo. Comparações de custos e benefícios também são um passo importante no caminho do consumidor, refletindo o alto grau de *arguição*.

Padrão 3: Trompete

O terceiro grande padrão é o trompete, encontrado sobretudo em categorias de estilo de vida, como carros de luxo, relógios sofisticados e bolsas de grife. A singularidade desse padrão está nos altos níveis de afinidade. Pessoas que seguem o padrão trompete costumam confiar na qualidade das marcas da categoria. Portanto, estão dispostas a defender marcas ainda que não as comprem ou utilizem. Em outras palavras, o número de advogados de marca é maior do que o número de compradores reais (*apologia* > *ação*).

Em uma categoria trompete, os consumidores estão altamente envolvidos nas decisões de compra. Seu processo de avaliação, porém, é relativamente fácil porque a maioria das marcas na categoria trompete já construiu reputação sólida, ainda que específica, de qualidade. A associação com qualidade costuma se desenvolver durante um longo período por meio de propaganda boca a boca. Pessoas atraídas por determinadas marcas costumam se conectar em comunidades. A existência de comunidades de clientes muitas vezes influencia compradores potenciais a descobrir mais sobre a qualidade da marca.

Por causa dos altíssimos níveis de preço envolvidos, existem fãs que aspiram a comprar marcas na categoria trompete mas não conseguem. No entanto, estão mais do que dispostos a recomendar essas marcas. Mesmo quando podem comprar as marcas em um estágio posterior, talvez não tenham acesso a elas. A maioria das marcas em uma categoria trompete é muito elitista. Como a escassez aumenta a atração de compradores potenciais, profissionais de marketing em uma categoria trompete não se concentram de fato em aumentar a disponibilidade de canais.

Embora a maioria das categorias de bens de consumo embalados se enquadre no padrão maçaneta de porta, remédios de venda livre tipicamente se enquadram no padrão trompete. Não compradores estão dispostos a recomendar marcas confiáveis ainda que não as estejam usando no momento. A diferença-chave entre o padrão trompete em produtos de estilo de vida e esse mesmo padrão em remédios de venda livre está no motivo pelo qual nem todos os advogados de marca os compram. Nas categorias de estilo de vida, é tudo uma questão de acessibilidade e disponibilidade. Já no caso dos remédios de venda livre, alguns advogados de marca não compram os remédios que eles próprios recomendam simplesmente porque não precisam deles naquele momento. Mas, quando precisarem, saberão quais comprar.

Padrão 4: Funil

O quarto grande padrão é o tradicional funil. Em uma categoria funil, a maioria das compras é bem planejada e os consumidores estão altamente envolvidos nas decisões de compra. De fato, esse é o único padrão no qual os clientes passam por cada um dos estágios do caminho do consumidor até a compra e a defesa. Eles fazem perguntas sobre as marcas que apreciam e acabam comprando-as se gostam do que ouvem na conversa. Defendem as marcas somente se tiverem experimentado pessoalmente o produto. O padrão funil está presente sobretudo em bens de consumo duráveis, bem como no setor de serviços.

Em uma categoria funil, a experiência geral dos consumidores é realmente importante, porque eles não saltam nenhum estágio e podem descartar marcas de seu conjunto de consideração em qualquer ponto do caminho. A *ação* é especialmente importante para os consumidores, dado que gostariam de mergulhar na experiência de compra e consumo. Por isso, ao contrário da categoria maçaneta de porta, na qual o posicionamento pode ser superficial, em uma categoria funil o posicionamento precisa estar bem enraizado na experiência real. É importante para as marcas nessa categoria gerenciarem os vários pontos de contato, como publicidade (*assimilação* e *atração*), site e central de atendimento (*arguição*), canal de vendas (*ação*) e serviços pós-venda (*apologia*).

Embora a troca de marcas seja incomum em uma categoria funil, a redução da qualidade da experiência dos clientes com o passar do tempo pode levá-los a avaliar novas marcas ou passar para outras mais *premium*. Como os clientes continuam esperando uma experiência melhor com o passar do tempo, uma categoria funil talvez seja a mais propensa a inovações disruptivas. Como foi discutido no Capítulo 4, a maioria das inovações disruptivas – em particular aquelas ligadas a novas tecnologias – ocorre em setores com expectativas de experiência elevadas, como os de bens de consumo duráveis e de serviços. Assim, as marcas em uma categoria funil deveriam se concentrar em melhorias graduais e em inovações na experiência do cliente.

Gravata-borboleta: um quinto padrão

Cada um dos quatro grandes padrões de caminho do consumidor possui pontos fortes e fracos intrínsecos. A combinação de todos os pontos positivos dos quatro grandes padrões resulta em um padrão de caminho do consumidor ideal, cujo formato é o de uma gravata-borboleta simétrica (ver Figura 7.2).

O padrão gravata-borboleta reflete os traços-chave de uma marca perfeita. Em uma categoria de gravata-borboleta, todos os que

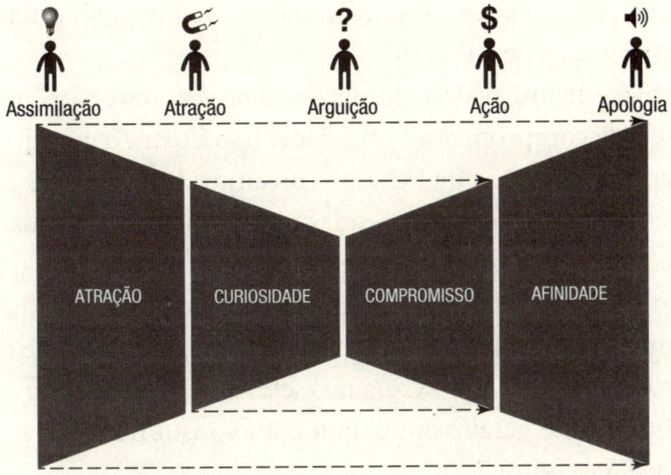

Figura 7.2 O padrão ideal gravata-borboleta

estão conscientes de uma marca se dispõem a recomendá-la por causa de sua reputação fora de série. Isso significa que a marca obtém uma nota CDM perfeita 1 (*assimilação = apologia*). Além disso, a atração da marca é tão forte que todos os que se sentem atraídos por ela acabam comprando-a (*atração = ação*). Nem todos aqueles que são atraídos pela marca sentem a necessidade de pesquisar mais, refletindo um claro posicionamento e o nível certo de curiosidade. Marcas com padrões de maçaneta de porta, peixinho dourado, trompete e funil deveriam se esforçar para alcançar o padrão perfeito gravata-borboleta.

Sobrepor o gravata-borboleta a um dos quatro grandes padrões revela lacunas e oportunidades de melhoria. Marcas com o caminho do consumidor de maçaneta de porta podem melhorar seu nível de afinidade desenvolvendo programas de envolvimento pós-venda. Esse é o desafio enfrentado por muitas marcas de bens de consumo embalados em meio à avassaladora troca de marcas. Marcas com o padrão trompete podem melhorar o nível de compromisso reduzindo o preço e melhorando a disponibilidade do canal sem diluir a atração da marca. Marcas de luxo cobiçadas como Tesla enfrentam esses desafios.

Marcas com um padrão funil, por sua vez, deveriam melhorar seus níveis de compromisso e afinidade. Isso ilustra o grande desafio enfrentado por marcas de bens de consumo duráveis e de serviços para se equilibrarem entre as vendas e os serviços pós-venda. Mas o trabalho mais difícil precisa ser realizado pelas marcas com o padrão peixinho dourado. Elas necessitam não só melhorar seus níveis de compromisso e afinidade como também otimizar o nível de curiosidade. Profissionais de marketing nos setores B2B enfrentam esse duro desafio porque geralmente lidam com consumidores que sabem das coisas (ver Figura 7.3).

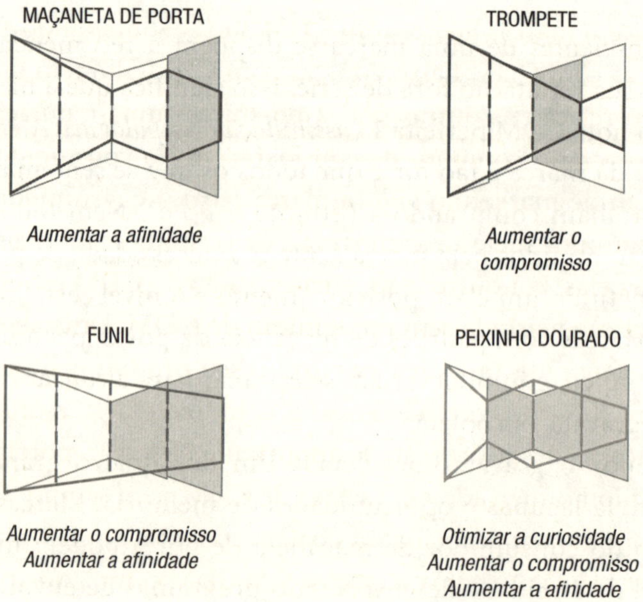

Figura 7.3 Oportunidades de melhoria no caminho do consumidor nos arquétipos dos setores

Quatro melhores práticas de marketing

Os profissionais de marketing também podem extrair padrões de um setor a partir das estatísticas de coeficiente de defesa da marca. O CDM representa essencialmente a disposição do cliente para recomendar uma marca. Em um setor no qual o CDM médio é baixo, os clientes de modo geral não estão dispostos a recomendar marcas concorrentes. Nesse tipo de setor, o marketing boca a boca e o marketing de mídia social não costumam funcionar bem. Por outro lado, quando o CDM médio é alto, as chances de que os clientes recomendem uma ou mais marcas são elevadas. Nesse caso, os marketings boca a boca e de mídia social são bastante eficazes.

A extensão do CDM – a faixa entre o CDM mais alto e o mais baixo – em um setor também revela dados interessantes. Uma extensão de CDM ampla reflete o predomínio da propaganda boca a boca: existem marcas líderes com CDM alto se sobrepondo a marcas mais fracas com CDM baixo. Marcas com CDM alto têm uma vantagem em relação às outras por já possuírem uma reputação forte que as coloca no conjunto de considerações do consumidor. Uma abordagem de marketing *pull* (a marca *puxa* o consumidor para o seu produto por meio de campanhas de comunicação) é altamente eficaz para elas. Por outro lado, uma extensão do CDM estreita reflete competição acirrada sem predomínio do CDM. Uma abordagem de marketing *push* (a marca *empurra* o seu produto para o consumidor por meio dos revendedores) é, com frequência, o único meio de ter sucesso nessa situação. É importante observar, porém, que o predomínio no mercado em termos de CDM nem sempre se reflete no predomínio em participação de mercado, e vice-versa.

Usando o CDM médio e a extensão do CDM como eixos, podemos extrair outros quatro grandes agrupamentos de setores. Nos setores com CDM médio elevado e extensão do CDM ampla, em geral os consumidores estão dispostos a recomendar várias marcas líderes. Nesse grupo, o fator de sucesso principal é a gestão de marca: desenvolver um posicionamento sólido e executá-lo por meio da comunicação de marketing. Mais uma vez, as categorias de bens de consumo embalados representam esse grupo de setores. Profissionais de marketing podem aprender as melhores práticas de gestão de marca com empresas líderes no setor de bens de consumo embalados, como P&G e L'Oréal.

Em setores com CDM médio elevado mas extensão do CDM estreita, em geral os consumidores estão dispostos a recomendar certas marcas ainda que nenhuma delas tenha nota do CDM dominante. Esse grupo de setores é caracterizado por marcas locais de nicho ou grandes empresas igualmente fortes em um mercado altamente fragmentado. O sucesso é muitas vezes determinado pela proximidade do canal e a acessibilidade a mercados-chave. Portanto, o principal fator de sucesso é a gestão do canal – desenvolver presença onicanal e induzir os consumidores a comprar. O exemplo típico desse grupo é o setor varejista. Lojas de departamentos, lojas especializadas e sites de comércio eletrônico são conhecidos pelas fortes recomendações de seus fregueses. Empresas como Macy's e Amazon são exemplos destacados para os profissionais de marketing aprenderem como direcionar os consumidores aos seus canais de venda pelas mídias tradicionais e digitais.

Em setores onde o CDM é baixo mas a extensão do CDM é ampla, os consumidores não costumam recomendar marcas, embora às vezes defendam marcas líderes. Tipicamente, os consumidores têm poucas percepções em relação à maioria das marcas nesses setores, embora haja várias exceções. A experiência do cliente muitas vezes é polarizadora, com igual número de clientes satisfeitos e frustrados. As marcas líderes com frequência mostram excelência de serviço e intimidade com os clientes superiores às das outras marcas. Um exemplo desse grupo é o setor aéreo. A lista da empresa de consultoria britânica Skytrax das 10 melhores companhias aéreas do mundo inclui empresas do Oriente Médio e da Ásia, como Qatar Airways e Singapore Airlines, com atributos de serviço excepcionais. O principal fator de sucesso é a gestão do serviço – a prática de gerenciar as equipes e os processos de serviço tão bem quanto os elementos físicos.

O grupo final de setores tem CDM médio em níveis baixos e extensão do CDM estreita. Nesses setores, a concorrência é acirrada e os consumidores não costumam estar dispostos a recomendar as marcas concorrentes. Como quase não há influência da propaganda boca a boca nesses setores, as marcas concorrentes precisam se esforçar para levar seus produtos e serviços ao mercado. Por isso o principal fator de sucesso é a gestão da equipe de vendas: manter o pessoal de vendas produtivo e promover as atividades de vendas certas (ver Figura 7.4).

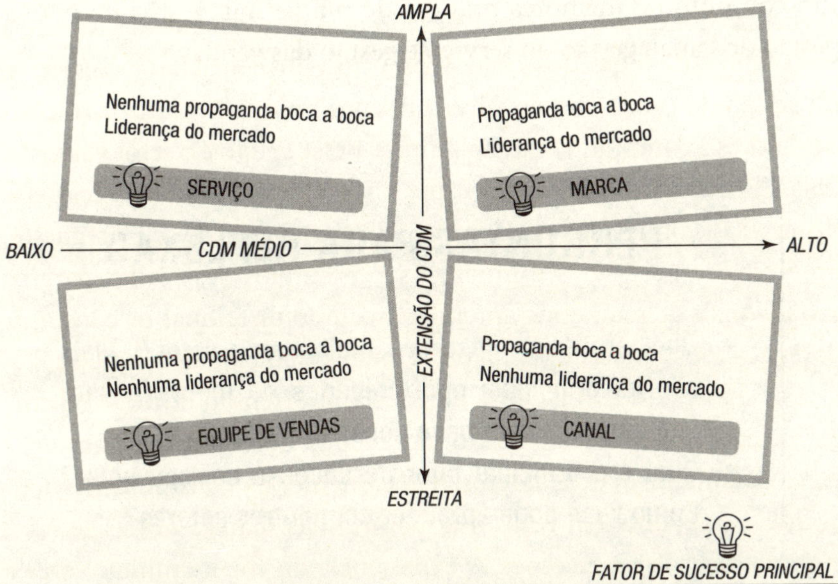

Figura 7.4 As quatro melhores práticas dos setores

Os grupos não são absolutamente estáticos. Com a convergência tecnológica e a inovação disruptiva, as barreiras entre os grupos de setores estão caindo. Os profissionais de marketing precisam estar atentos às mudanças em seus setores e adaptar suas estratégias de forma compatível.

Resumo: Aprenda com diferentes setores

Ao analisarmos o modelo genérico dos cinco As e avaliarmos as taxas de conversão ao longo dos diferentes estágios, identificamos quatro grandes padrões para diferentes setores: "maçaneta de porta", "peixinho dourado", "trompete" e "funil". Diferentes tipos de setor podem ser enquadrados em qualquer desses padrões, cada um com um modelo de comportamento do consumidor específico e um conjunto de desafios diferente. Identificamos também quatro grupos de setores distintos com base nas estatísticas do CDM, cada um representando um conjunto de melhores práticas de marketing: gestão de marca, gestão do canal, gestão do serviço e gestão das vendas.

PERGUNTAS PARA REFLEXÃO

- Qual arquétipo descreve melhor seu setor? Quais são as principais oportunidades de melhoria para sua empresa com base nesse arquétipo?
- Qual é o principal fator de sucesso em seu setor? Como você pode aprender com outros setores?

Parte III

Aplicações táticas de marketing na economia digital

8 Marketing centrado no ser humano para atração de marca

Desenvolver marcas autênticas como amigos

Na literatura de marketing recente, os consumidores são quase sempre retratados como os atores mais poderosos do mercado. Mesmo assim, os profissionais de marketing muitas vezes se esquecem do lado humano, que se manifesta claramente na era digital. Os consumidores não são perfeitos e se sentem vulneráveis às manobras do marketing. Por isso criam comunidades para fortalecer suas posições.

Profissionais de marketing precisam se adaptar a essa nova realidade e criar marcas que se comportem como pessoas – acessíveis e amáveis, mas também vulneráveis. As marcas devem ser menos intimidadoras. Devem se tornar autênticas e honestas, admitir suas falhas e parar de tentar parecer perfeitas. Movidas por valores básicos, as marcas centradas no ser humano tratam os consumidores como amigos, tornando-se parte integral de seu estilo de vida.

Em *Marketing 3.0*, apresentamos esse conceito de marketing centrado no ser humano como o resultado natural do marketing centrado no consumidor (Marketing 2.0) e do marketing centrado no produto (Marketing 1.0). No marketing centrado no ser humano, os profissionais de marketing abordam os consumidores como seres humanos integrais, com mente, coração e espírito. Os responsáveis pelo marketing preenchem não apenas as necessidades funcionais e emocionais dos consumidores, mas também abordam suas ansiedades e seus desejos latentes.

À medida que passamos para o Marketing 4.0 em um mundo cada vez mais digital, esperamos uma importância crescente da centralidade humana. Os profissionais de marketing precisam aceitar ainda mais o poder do marketing centrado no ser humano. Imagine um mundo no qual a inteligência artificial e a robótica estarão integradas na vida diária das pessoas da mesma forma que os smartphones estão hoje, com fábricas automatizadas, carros robóticos e robôs caseiros controlados por voz, médicos e advogados robôs. A maioria dos especialistas argumenta que isso acontecerá já em 2025. Nesse contexto, os consumidores se tornarão mais ansiosos do que nunca ao buscar subconscientemente suas identidades, indagando: "O que significa ser humano em um mundo digital?"

Acreditamos que o marketing centrado no ser humano ainda é a chave para desenvolver a atração da marca na era digital, já que marcas com uma personalidade humana serão possivelmente mais diferenciadas. O processo começa liberando as ansiedades e os desejos mais profundos dos consumidores. Requer uma escuta empática e uma pesquisa imersiva naquilo que se conhece como *antropologia digital*. Uma vez que o lado humano dos consumidores foi revelado, é hora de as marcas também revelarem seu lado humano. As marcas precisam demonstrar atributos humanos capazes de atrair consumidores e desenvolver conexões de pessoa a pessoa.

Como as pessoas usam a antropologia digital

A antropologia digital se debruça sobre a conexão entre humanidade e tecnologia digital. Explora como os seres humanos interagem com as interfaces digitais, como se comportam no contexto de tecnologias e como essas tecnologias estão sendo usadas pelos seres humanos para interagirem entre si. Pode também ser usada para ajudar a entender como as pessoas percebem as marcas em suas comunidades digitais e o que as atrai para determinadas marcas.

A especialidade é relativamente nova no campo da antropologia. No entanto, as aplicações recentes na descoberta de tendências de mercado promoveram sua popularidade entre os profissionais de marketing. No contexto do marketing centrado no ser humano, a etnografia digital proporciona um meio poderoso de descobrir as ansiedades e os desejos humanos latentes que as marcas deveriam abordar. Entre os diversos métodos conhecidos e atualmente usados pelos profissionais de marketing estão a escuta social, a netnografia e a pesquisa empática.

Escuta social

A escuta social é o processo proativo de monitorar o que vem sendo dito sobre uma marca na internet, particularmente na mídia social e nas comunidades on-line. Com frequência, envolve o uso de um software de monitoramento de mídia social para filtrar um enorme volume de dados não estruturados de conversas sociais, transformando-os em informações de inteligência sobre consumidores utilizáveis. A análise de big data costuma ser empregada para fins de escuta social.

A escuta social é usada na avaliação do marketing de conteúdo para monitorar conversas que ocorrem em torno do conteúdo distribuído (ver Capítulo 9). Também é uma ferramenta útil para identificar *leads* (informações de contato de possíveis consumidores) e entender o comportamento dos *prospects* (consumidores em potencial) na venda social (ver Capítulo 10). A escuta social também é comumente usada na gestão social do relacionamento com clientes para identificar conversas com conteúdo de queixas ou sentimentos negativos que possam acabar culminando em crises de marca (ver Capítulo 11). Quando profissionais de marketing rastreiam as conversas sociais em torno de suas marcas e das marcas dos concorrentes, a escuta social pode se tornar uma ferramenta eficaz para a inteligência competitiva.

Além dessas aplicações, a escuta social é ainda mais útil para a pesquisa de mercado. Nos métodos de pesquisa de mercado tradicionais (como entrevistas presenciais, pesquisas por telefone e pesquisas on-line), os consumidores nem sempre revelam o que realmente pensam e fazem. Na verdade, nem sempre conseguem enunciar o que realmente pensam e fazem, ainda que queiram. Além disso, os métodos de pesquisa de mercado baseados em grupos (como grupos de discussão) muitas vezes não conseguem captar a dinâmica social entre consumidores que ocorre naturalmente em suas comunidades reais. É aqui que a escuta social se destaca. Os consumidores sentem-se mais à vontade e abertos para contar a seus correspondentes o que pensam e fazem. As conversas naturais nos ambientes dos próprios clientes os ajudam a enunciar suas ansiedades e seus desejos mais profundos. A escuta social realmente capta a dinâmica social das comunidades.

Netnografia

Desenvolvida por Robert Kozinets, a netnografia (etnografia aplicada à internet) é um método que adapta a prática da etnografia para estudar comportamentos humanos em e-tribos ou comunidades on-line. Da mesma forma que a etnografia, a netnografia visa estudar seres humanos pela imersão em suas comunidades naturais de forma discreta.

A principal diferença entre a netnografia e a escuta social é que a primeira requer com frequência que os pesquisadores se envolvam profundamente como participantes ativos em comunidades on-line. Os netnógrafos entram para as comunidades, submergem nos relacionamentos, envolvem-se em conversas e desenvolvem empatia pelos demais membros. Assim, a própria netnografia é uma forma de conexão de pessoa a pessoa no processo de pesquisa de mercado.

Em muitos casos, a netnografia torna-se uma continuação mais imersiva de um exercício de escuta social. A escuta social pode ajudar efetivamente os netnógrafos a identificar as comunidades certas nas quais devem submergir. Comunidades on-line que se tornam fontes ricas de insights dos netnógrafos costumam ser aquelas geridas por consumidores – e não pela empresa – que abordam temas bem específicos, com um tráfego considerável e um número significativo de membros ativos. Na maioria dos casos, é fundamental que os netnógrafos revelem seu propósito ao realizar a pesquisa e peçam permissão aos membros da comunidade.

Enquanto a escuta social emprega principalmente softwares de monitoramento da mídia social para criar visualizações de dados de forma automática, a netnografia requer ainda que os pesquisadores sintetizem suas descobertas mais profundas. A netnografia com frequência exige que os netnógrafos reflitam sobre o que observam, bem como sobre o que sentem ao se tornarem membros das comunidades. Portanto, a netnografia demanda um alto nível de empatia e um conjunto bem específico de habilidades que nem todos os pesquisadores possuem.

Pesquisa empática

Precursora do projeto centrado no ser humano, a pesquisa empática é um método – popularizado por empresas de projetos como IDEO e Frog – que envolve a perspectiva humana e a empatia no processo de pesquisa. Tipicamente, implica a observação participativa e a imersão no contexto das comunidades de consumidores com o objetivo de revelar necessidades latentes. Ao contrário da escuta social e da netnografia, a pesquisa empática exige observação pessoal, diálogo, *brainstorming* e colaboração entre pesquisadores e membros da comunidade para sintetizarem as descobertas mais relevantes. Assim, a pesquisa empática é o método mais próximo da etnografia tradicional.

Para assegurar uma perspectiva humana abrangente e rica, o processo de pesquisa tipicamente envolve uma equipe multidisciplinar com psicólogos, antropólogos, projetistas de produtos, engenheiros e profissionais de marketing. Os membros da equipe costumam submergir em comunidades de consumidores, observando suas frustrações e seus comportamentos surpreendentes. Por terem formações diferentes, é comum que cada membro da equipe faça descobertas diferentes na pesquisa. Assim, os membros da equipe precisam se reunir e sintetizar seus achados numa série de sessões de *brainstorming*. Os insights obtidos costumam levar ao desenvolvimento de um produto novo, a uma nova experiência do cliente ou a uma nova campanha de marca que, em geral, surpreende e encanta os consumidores.

A Society of Grownups é um exemplo disso. A pesquisa empática conduzida pela MassMutual e a IDEO descobriu a ansiedade e o desejo latentes da geração dos millennials de se tornarem financeiramente informados. A MassMutual e a IDEO então desenvolveram a Society of Grownups, uma empresa que fornece educação financeira especificamente para esse segmento. Ela oferece aulas particulares e sessões de aconselhamento financeiro em um ambiente agradável, relaxado e acolhedor que se assemelha a uma cafeteria. Também disponibiliza ferramentas digitais estilosas para que os millennials planejem suas finanças. Em última análise, pretende tornar o planejamento financeiro uma parte integrante do estilo de vida social e digital dessa geração.

A construção dos seis atributos das marcas centradas no ser humano

Entender o lado humano dos consumidores por meio de estudos de antropologia digital é o primeiro e mais importante passo do marketing centrado no ser humano. Também é relevante revelar o lado humano de marcas que possam atrair consumidores.

De acordo com Stephen Sampson, no livro *Leaders without Titles* (Líderes sem cargos), os líderes horizontais têm seis atributos humanos capazes de cativar outras pessoas, ainda que não tenham autoridade sobre elas: fisicalidade, intelectualidade, sociabilidade, emocionalidade, personalidade e moralidade. Esses seis atributos constituem o tipo de ser humano completo que costuma se tornar um modelo. As marcas que desejam influenciar os consumidores como amigos sem subjugá-los devem possuir esses seis atributos humanos.

Fisicalidade

Uma pessoa que é vista como fisicamente atraente costuma exercer forte influência sobre as demais. Assim, as marcas que pretendem ter influência sobre seus clientes devem ter atrativos físicos que as tornem únicas, embora não perfeitas.

Os atrativos físicos das marcas podem vir de suas identidades de marca, como logotipos bem desenhados ou slogans bem bolados. Vejamos o Google e a MTV, com seus sistemas de logotipos dinâmicos e flexíveis, em vez de estáticos, capazes de se adequar a diferentes contextos. O Google constantemente altera seu logotipo para celebrar momentos ou pessoas especiais com seus Google Doodles.

Atrativos físicos também podem advir de um design de produto atraente ou um projeto sólido de experiência do cliente. Tomemos a Apple como exemplo. A empresa é conhecida por se destacar não só no design industrial do produto como também no design de sua interface com o usuário. A interface da Apple costuma ser considerada muito simples e amigável até para usuários leigos. O design das lojas Apple Store também é considerado um dos melhores do setor varejista.

Intelectualidade

A intelectualidade é a capacidade humana de acumular conhecimentos, pensar e gerar ideias. Esse atributo está intimamente relacionado às habilidades de pensar além do óbvio e inovar. Marcas com intelectualidade forte são inovadoras e capazes de lançar produtos e serviços que ainda não haviam sido imaginados por outras marcas nem pelos consumidores. As marcas demonstram assim sua aptidão de solucionar os problemas dos consumidores de forma eficaz.

Quando a empresa automotiva Tesla adotou o nome de um inventor famoso, Nikola Tesla, a marca prometeu inovar constantemente, como fez seu inspirador. Ela não desaponta. Está na vanguarda de grandes inovações, como carros elétricos, análise de dados automotivos e tecnologias de piloto automático. A intelectualidade da Tesla cria uma forte atratividade de marca, embora não faça propaganda.

Grandes inovadores disruptivos como Uber e Airbnb também demonstram sua intelectualidade ao criar serviços que conectam clientes com provedores de serviços. Grandes ícones da chamada economia compartilhada, a Uber e o Airbnb são vistos pelos consumidores como marcas inteligentes.

Sociabilidade

Uma pessoa com forte sociabilidade sente confiança ao se envolver com outras, demonstrando boas habilidades de comunicação verbal e não verbal. De forma semelhante, marcas com essa característica não temem conversar com os consumidores. Elas escutam seus clientes, bem como as conversas entre eles. Respondem às perguntas e resolvem reclamações com agilidade. Essas marcas também promovem o engajamento dos clientes com a comunicação regular em múltiplas mídias. Compartilham na mídia social conteúdo interessante que atrai os consumidores.

A Denny's Diner, por exemplo, cria uma imagem sociável na mídia social que é amigável, divertida e agradável. A marca costuma postar no Twitter comentários espirituosos e piadas que as pessoas apreciam e retuítam, tornando-a mais humana. A Denny's Diner comporta-se como um amigo com quem as pessoas podem se relacionar, beneficiando-se de um grande volume de propaganda boca a boca. A Zappos também é conhecida como uma marca bastante sociável. Os clientes podem conversar com os agentes de sua central de atendimento durante horas, sobre sapatos e outros assuntos, como amigos. Na verdade, a Zappos detém o recorde da mais longa chamada de serviço ao cliente: 10 horas e 43 minutos.

Emocionalidade

Pessoas capazes de se conectar emocionalmente com outras para induzir suas ações são influenciadores bem poderosos. Marcas que evocam emoções podem induzir ações favoráveis dos consumidores. Elas se conectam com os clientes em um nível emocional com mensagens inspiradoras. Às vezes, essas marcas também se conectam com eles exibindo seu lado bem-humorado.

A Dove é uma marca com forte emocionalidade. Humanizada, ela aborda a questão da autoestima entre as mulheres encorajando-as a amarem a si mesmas e apreciarem sua real beleza. Com uma campanha maciça durante mais de uma década, a Dove conseguiu se conectar emocionalmente com mulheres no mundo inteiro.

Doritos representa um exemplo diferente com seu anúncio "Ultrassom", no qual uma mulher grávida é submetida a um exame de ultrassom enquanto seu marido come um saco de Doritos. O anúncio termina com o bebê saindo do útero para pegar um Doritos. O anúncio se revelou polarizador: algumas pessoas o consideram hilário, ao passo que outras o acham de mau gosto. Mesmo assim, uma tecnologia de rastreamento facial revela que o anúncio é o mais emocionalmente envolvente, ainda que as emoções provocadas sejam variadas.

Personalidade

Pessoas com personalidade forte têm autoconsciência. Elas têm noção daquilo em que são muito boas, enquanto admitem que ainda têm muito a aprender. Mostram autoconfiança e automotivação para se aperfeiçoarem. De forma semelhante, marcas com personalidade marcante sabem exatamente o que representam – sua razão de ser. Mas essas marcas tampouco têm medo de mostrar suas falhas e assumir plena responsabilidade por suas ações.

A Patagonia, por exemplo, apoia a sustentabilidade social e ambiental. Visa minimizar o impacto social e ambiental adverso de suas atividades empresariais. Com suas *Footprint Chronicles* (Crônicas da pegada), a Patagonia permite aos clientes rastrearem a origem de qualquer produto que compram e verificarem sua pegada social e ambiental. A Patagonia é honesta e confiante o bastante para mostrar que seus processos de negócios não são perfeitos e ainda prejudicam o meio ambiente. Mas também está determinada a melhorar com o tempo.

A Domino's é outro exemplo. A empresa de pizzas tomou uma atitude ousada em 2010 ao admitir que suas pizzas não eram irresistíveis. Em um anúncio, a Domino's compartilhou publicamente a opinião de clientes sobre suas pizzas. Em resposta, a empresa reinventou suas pizzas e ofereceu-as aos críticos. A empresa assumiu a responsabilidade por suas falhas com confiança, tornando assim a marca mais humana.

Moralidade

Moralidade envolve ser ético e ter integridade sólida. Uma pessoa com caráter moral positivo tem a capacidade de saber a diferença entre certo e errado. Mais importante, tem a coragem de fazer a coisa certa. Da mesma forma, marcas dotadas de moralidade são movidas por valores. Elas asseguram que fatores éticos adequados se tornem parte fundamental de todas as decisões de negócios. De fato, algumas marcas consideram modelos de negócios éticos como sua diferenciação central. Elas cumprem suas promessas ainda que os clientes não fiquem de olho.

A Unilever, por exemplo, anunciou em 2010 o Plano de Vida Sustentável Unilever, que visava dobrar o tamanho da empresa enquanto reduzia à metade sua pegada ambiental até 2020. Também buscou melhorar o bem-estar de mais de 1 bilhão de pessoas e aprimorar os meios de vida de milhões de pessoas no processo. A orientação moral corporativa se traduziu em iniciativas no nível das marcas, em um movimento para criar marcas mais humanizadas dentro da empresa. Outros exemplos incluem os esforços da Knorr em combater a subnutrição na Nigéria, as iniciativas da Wall's para criar microempresários na Índia e a campanha da Omo para poupar água no Brasil.

Resumo: Quando as marcas se tornam humanas

Cada vez mais, as marcas vêm adotando qualidades humanas para atrair consumidores na era centrada no ser humano. Isso requer descobrir as ansiedades e os desejos latentes dos consumidores por meio da escuta social, da netnografia e da pesquisa empática. Para abordar de forma eficaz ansiedades e desejos, os profissionais de marketing precisam desenvolver o lado humano de suas marcas. Elas devem ser fisicamente atraentes, intelectualmente interessantes, socialmente envolventes e emocionalmente fascinantes, ao mesmo tempo que devem demonstrar personalidade forte e moralidade sólida.

PERGUNTAS PARA REFLEXÃO

- Quais são as ansiedades e os desejos mais profundos de seus clientes?
- Sua marca possui qualidades? O que você pode fazer para torná-la mais humana?

9 Marketing de conteúdo para curiosidade pela marca

Iniciar conversas com histórias poderosas

Conteúdo é o novo anúncio, #hashtag é o novo slogan

Em poucas palavras, marketing de conteúdo é uma abordagem que envolve criar, selecionar, distribuir e ampliar conteúdo que seja interessante, relevante e útil para um público claramente definido com o objetivo de gerar conversas sobre esse conteúdo. O marketing de conteúdo também é considerado outra forma de *brand journalism* ("jornalismo de marca") e *brand publishing* ("publicações de marca") que cria conexões mais profundas entre marcas e consumidores. As marcas que estão realizando um bom marketing de conteúdo fornecem aos consumidores acesso a conteúdo original de alta qualidade enquanto contam histórias interessantes sobre si mesmas. O marketing de conteúdo muda o papel dos profissionais de marketing, de promotores da marca para contadores de histórias.

Atualmente, a maioria das grandes empresas tem implementado o marketing de conteúdo até certo grau. Um estudo do Content Marketing Institute e do MarketingProfs revelou que 76% das empresas que vendem diretamente para os consumidores (B2C) e

88% daquelas que vendem para outras empresas (B2B) nos Estados Unidos usaram marketing de conteúdo em 2016. As empresas B2B gastaram em média 28% de seu orçamento de marketing nessa abordagem e as empresas B2C gastaram em média 32%. Os profissionais dessa área poderiam afirmar que o conteúdo se tornou a nova propaganda e as #hashtags usadas na distribuição de conteúdo pela mídia social igualaram o papel dos slogans tradicionais.

O marketing de conteúdo ganhou popularidade nos últimos anos e vem sendo anunciado como o futuro da publicidade na economia digital. A transparência trazida pela internet foi o que deu origem à ideia do marketing de conteúdo, e a conectividade na web permite aos consumidores conversar e descobrir a verdade sobre as marcas. Os profissionais de marketing atuais enfrentam um grande obstáculo ao tentar alcançar os consumidores com a publicidade tradicional porque estes nem sempre confiam nela. Preferem pedir aos amigos e à família opiniões honestas sobre marcas. Quando ouvem afirmações feitas por marcas, os consumidores as conferem conversando com amigos confiáveis de sua comunidade.

O fato de os consumidores muitas vezes não acharem as mensagens publicitárias atraentes representa uma pressão adicional sobre os profissionais de marketing. O papel-chave desses profissionais é transmitir as proposições de valor oferecidas por suas marcas. Eles até se tornaram bastante criativos em fornecer informações complexas por meio de anúncios sem subjugar os consumidores, dado o espaço e o tempo limitados que podem comprar na mídia paga. Mas o fato é que, com frequência, os consumidores de hoje consideram as proposições de valor das marcas irrelevantes e descartáveis.

A mídia social desempenhou um papel importante nessa mudança. No passado, os consumidores ouviam com atenção a transmissão de conteúdos pela mídia tradicional, inclusive a publicidade. Eles simplesmente não tinham escolha. A mídia social mudou isso. Agora, os consumidores têm à disposição um grande volume de conteúdo gerado por outros usuários, o qual eles consideram mais confiável e bem mais atraente do que aquele oferecido pela mídia tradicional. O que torna o conteúdo da mídia social atraente é o fato de ser voluntário e acessado sob demanda, ou seja, os consumidores optam por consumir o conteúdo quando e onde querem.

Na mídia social, os anúncios não podem interromper de forma abrupta os usuários enquanto estão consumindo conteúdo. Os anúncios TrueView do YouTube, por exemplo, podem ser pulados após cinco segundos. Isso criou o precedente de que um anúncio é descartável caso desagrade ao espectador. Chamamos isso de "o desafio de cinco segundos do mundo descartável". Se as marcas ou os anunciantes não conseguem chamar atenção durante os cinco primeiros segundos, não podem reclamar se os consumidores optam por ignorar o restante de seu conteúdo.

Isso se aplica também ao conteúdo produzido pelas marcas e ao conteúdo patrocinado – aquele fornecido por marcas, mas não no formato de um anúncio típico – na mídia social. Se os consumidores não acham os conteúdos produzidos e patrocinados atraentes e relevantes, não perderão tempo assistindo a eles. O fato de os vídeos mais vistos e os canais com mais assinantes no YouTube serem conteúdo gerado por usuários, e não por marcas, fala por si.

Apesar desses desafios, os profissionais de marketing reconhecem o valor da mídia social. Ela de fato oferece oportunidades para deixar de lado os intermediários da mídia tradicional e se comunicar de forma direta com os consumidores. Ao contrário da mídia tradicional, que conta mais com transmissões de rádio ou TV de um para muitos, a mídia social permite conversas interativas. Os diálogos bidirecionais diretos com os consumidores com frequência são mais eficazes e também mais econômicos. Esse pensamento leva um número maior de marcas e empresas a utilizar o marketing de conteúdo na mídia social a fim de complementar a propaganda tradicional. Elas visam acabar se tornando a própria mídia de comunicação de marketing e assim reduzir a dependência da mídia tradicional.

O problema, porém, é que os profissionais de marketing muitas vezes veem o marketing de conteúdo como outra forma de propaganda e a mídia social como outra mídia de difusão. Alguns simplesmente transferem seus anúncios para esses novos canais sem reinventar o conteúdo e acabam lidando com esse conteúdo apenas como versões mais longas de um anúncio.

Acreditamos que uma grande mudança de mentalidade é necessária. Na verdade, o conteúdo é o novo anúncio. Mas os dois são totalmente diferentes. Um anúncio contém a informação que as marcas querem transmitir para ajudar a vender seus produtos e serviços. O conteúdo, por outro lado, contém informações que os consumidores possam usar para alcançar seus objetivos pessoais e profissionais.

Um estudo de 2015 do Google que abrangeu milhares de anúncios TrueView do YouTube revelou os atributos dos vídeos que os espectadores não pulam: eles contêm histórias, rostos humanos e alguns tipos de animação. Revelou também que incluir um logotipo da marca nos primeiros cinco segundos de um anúncio aumenta a lembrança da marca, mas também pode reduzir o tempo de visualização. Os profissionais de marketing precisam entender que a sua definição do que é um bom conteúdo pode não ser a mesma definição do consumidor. Em última análise, é a definição dele que conta.

Para se envolverem com os consumidores de forma consistente, às vezes os profissionais de marketing precisam criar conteúdo que, embora não contribua diretamente para seu valor de marca nem melhore o volume de vendas, seja valioso para quem assiste.

Um exemplo disso é a estratégia de marketing de conteúdo da Hipmunk. Como uma agência de viagens on-line, a Hipmunk fornece uma revista de viagens chamada *Tailwind*, que oferece informações que os clientes pesquisam com frequência. Um artigo recente, intitulado "O que o Brexit significa para as viagens de verão", discute o impacto para os viajantes americanos da retirada do Reino Unido da União Europeia. Outras matérias incluem informações úteis para viajantes, como a prática da gorjeta ao redor do mundo e as regras de bagagem das principais companhias aéreas.

O mais interessante é que a Hipmunk também oferece um assistente de viagem acionado por inteligência artificial que permite aos clientes planejar suas viagens sem precisar fazer qualquer pesquisa. Se os clientes mandam para hello@hipmunk.com a cópia de um e-mail discutindo planos de viagem, a Hipmunk identificará suas intenções e responderá a todos com uma mensagem contendo recomendações. Se os clientes dão à Hipmunk permissão para ver sua Google Agenda e os locais de suas viagens futuras, a agência enviará por e-mail recomendações de viagem perto das datas marcadas. Considerando-se que o setor de turismo se enquadra na categoria "peixinho dourado" com um grau tipicamente alto de *arguição* (ver Capítulo 7), o conteúdo relevante que a Hipmunk fornece reduz, de fato, os esforços de pesquisa dos consumidores e tem potencial para mudar esse padrão de caminho do consumidor, deixando-o um passo mais próximo da "gravata-borboleta" ideal.

Marketing de conteúdo passo a passo

Por natureza, o marketing de conteúdo envolve produção e distribuição de conteúdo. Uma campanha de marketing de conteúdo eficaz requer que os profissionais de marketing criem conteúdo original dentro da empresa ou o selecionem a partir de fontes externas. Esse conteúdo também deve ser distribuído pelo melhor mix de canais. No entanto, a armadilha mais comum ao criar uma estratégia de marketing de conteúdo é pular direto para a produção e a distribuição, sem primeiro realizar e planejar as atividades de pré-produção e pós-distribuição adequadas. Nas subseções seguintes, listamos os oito grandes passos do marketing de conteúdo que os profissionais de marketing devem seguir. É preciso realizar todas as atividades certas em cada um deles antes de passar para o próximo (ver Figura 9.1).

1
FIXAÇÃO DE METAS
O que você quer atingir com sua campanha de marketing de conteúdo?
- Objetivo de desenvolvimento da marca
- Objetivo de crescimento das vendas

2
MAPEAMENTO DO PÚBLICO
Quem são seus consumidores e quais são as ansiedades e os desejos deles?
- Perfis e personas de consumidores
- Ansiedades e desejos dos consumidores

3
CONCEPÇÃO E PLANEJAMENTO DO CONTEÚDO
Qual é o tema geral do conteúdo e o plano de conteúdo?
- Tema do conteúdo
- Formatos e mix de conteúdo
- Enredo e calendário do conteúdo

4
CRIAÇÃO DO CONTEÚDO
Quem cria o conteúdo e quando?
- Criadores do conteúdo: a própria empresa ou agências
- Cronograma de produção do conteúdo

5
DISTRIBUIÇÃO DO CONTEÚDO
Onde você deseja distribuir os itens de conteúdo?
- Canal próprio
- Canal pago
- Canal conquistado

6
AMPLIAÇÃO DO CONTEÚDO
Como você planeja alavancar os itens de conteúdo e interagir com os consumidores?
- Criar conversa em torno do conteúdo
- Uso de propaganda boca a boca e influenciadores

7
AVALIAÇÃO DO MARKETING DE CONTEÚDO
Quão bem-sucedida é sua campanha de marketing de conteúdo?
- Métricas de marketing de conteúdo
- Realizações do objetivo geral

8
MELHORIA DO MARKETING DE CONTEÚDO
Como você melhora o marketing de conteúdo existente?
- Mudanças do tema
- Melhoria do conteúdo
- Melhoria da distribuição e a ampliação do conteúdo

Figura 9.1 Marketing de conteúdo passo a passo

Passo 1: Fixação de metas

Antes de embarcar em uma jornada de marketing de conteúdo, é preciso definir claramente os objetivos. Sem essa definição, os profissionais de marketing podem se perder ao mergulhar fundo na criação e na distribuição de conteúdo. As metas devem estar alinhadas com os objetivos gerais dos negócios e ser traduzidas em métricas-chave, em relação às quais o marketing de conteúdo será avaliado.

As metas do marketing de conteúdo podem ser classificadas em duas grandes categorias. A primeira reúne as metas ligadas às vendas: geração de *leads* (pessoas interessadas em algum produto ou serviço da sua empresa), vendas efetivas, *cross-selling* (o cliente é estimulado a levar um produto que complementa sua compra inicial), *up-selling* (o cliente é estimulado a levar um produto mais caro do que o que pretendia comprar) e vendas por indicação de outros clientes. A segunda categoria reúne as metas relacionadas à marca: consciência da marca, associação da marca e fidelidade/defesa da marca. A maioria dos profissionais de marketing tem mais de um objetivo em ambas as categorias. O Content Marketing Institute revela que os profissionais de marketing de conteúdo B2C mais eficientes nos Estados Unidos dão importância à consciência da marca, à fidelidade e ao engajamento como objetivos-chave. Por outro lado, os profissionais de marketing de conteúdo B2B concentram-se mais na geração de *leads* e nas vendas como objetivos-chave.

Definir metas ajuda os profissionais de marketing a projetar melhor uma estratégia de marketing de conteúdo. Se os objetivos estiverem na categoria relacionada a vendas, é preciso garantir que os canais de distribuição de conteúdo estejam bem alinhados com os canais de venda. Por exemplo, o Birchbox, um serviço on-line de venda de produtos de beleza por assinatura, oferece em um vídeo dicas para manter os cabelos saudáveis. Como um dos objetivos é aumentar as vendas, um painel "Compre Esta História" está situado próximo ao painel do vídeo, permitindo que o público clique nos produtos apresentados no conteúdo e os compre diretamente, se desejar.

Por outro lado, se os objetivos estão mais voltados para as métricas de marca, é preciso garantir que o conteúdo seja sempre coerente com a personalidade da marca. Um exemplo é a Colgate. O conteúdo do "Centro de Cuidados Bucais" ajuda a consolidar a associação da marca Colgate como especialista em saúde bucal. Na Índia, um aplicativo do Centro de Cuidados Bucais ajuda a conectar dentistas e pacientes em potencial, ajudando a desenvolver uma imagem forte da marca nos dois públicos.

Passo 2: Mapeamento do público

Uma vez que os objetivos estejam claramente definidos, deve-se determinar quais públicos se pretende impactar. Os profissionais de marketing não podem estabelecer os públicos apenas em termos amplos como "nossos clientes", "juventude em geral" ou "tomadores de decisões". Definir um subconjunto específico do público os ajudará a criar conteúdo mais relevante e profundo, contribuindo assim para contar a história da marca de modo eficaz.

Como na segmentação tradicional, os parâmetros do público podem ser geográficos, demográficos, psicográficos e comportamentais. O principal parâmetro costuma ser comportamental. Douglas Holt sugere que profissionais de marketing de conteúdo se concentrem em temas que interessam a determinadas subculturas (como ensino domiciliar, impressão 3-D, observação de pássaros e fisiculturismo) cujos membros têm a tendência de se reunir em comunidades e compartilhar conteúdo relacionado. Como a maioria das subculturas sente-se atraída por temas novos e não convencionais que as unem, os profissionais de marketing de conteúdo podem encontrar ideias para conteúdo não genérico observando-as. Além disso, os ativistas das subculturas costumam ser influenciadores que ajudarão a ampliar o conteúdo.

Depois de delimitar o público, os profissionais de marketing precisam traçar os perfis desse público e descrever suas personas, o que ajudará a imaginar como são na vida real. Por meio de uma pesquisa apropriada, também é preciso descobrir as ansiedades e os desejos deles – ou os problemas e as aspirações – que definirão suas necessidades de obter conteúdo específico. Os profissionais de marketing devem então tentar fornecer conteúdo que ajude esse público a aliviar suas ansiedades e realizar seus desejos.

O Airbnb, por exemplo, concentra-se em viajantes que desejam experimentar seus destinos como moradores, não como turistas. Assim, publica resenhas dos anfitriões locais nos principais destinos. O guia descreve o que os moradores fazem e os lugares favoritos que frequentam em uma cidade específica. Trata-se basicamente de um guia de viagem, mas adota o ponto de vista de um morador, não o de um turista. O segmento de público bem definido ajuda o Airbnb a desenvolver um conteúdo relevante e interessante.

Passo 3: Concepção e planejamento do conteúdo

O passo seguinte é selecionar ideias sobre qual conteúdo criar e então realizar o planejamento apropriado. A combinação de temas pertinentes, formatos adequados e narrativas genuínas assegura uma campanha de marketing de conteúdo bem-sucedida.

Para encontrar o tema certo, os profissionais de marketing devem levar em conta dois fatores. Primeiro, um ótimo conteúdo tem relevância clara para a vida dos consumidores. Diante da atual sobrecarga de informações, o conteúdo tem que significar algo para o público para não ser desprezado. Ele tem que aliviar as ansiedades e ajudar a satisfazer os desejos de seu público. O segundo fator é que um conteúdo eficaz apresenta histórias que refletem a personalidade e os códigos da marca. Isso significa que o conteúdo tem que ser a ponte que liga as histórias da marca às ansiedades e aos desejos dos consumidores. O conteúdo pode ser o meio para que as marcas façam a diferença e deixem um legado – o objetivo máximo do Marketing 3.0. Para isso, os profissionais de marketing precisam pensar profundamente sobre a missão de sua marca: o que ela representa além das proposições de valor. A General Electric (GE), por exemplo, aborda os interesses dos entusiastas por tecnologia e futuristas na revista on-line *Txchnologist*. Ao mesmo tempo, tenta criar histórias de tecnologia futuristas em torno da marca GE.

Os profissionais de marketing também devem explorar os diferentes formatos de conteúdo, que pode ser apresentado nas formas escrita – releases, artigos, newsletters, *white papers*, estudos de caso e até livros – ou visual – infográficos, histórias em quadrinhos, imagens gráficas interativas, apresentações, jogos, vídeos, vídeos curtos e até filmes de longa metragem. O Content Marketing Institute informou que mais de 80% das empresas B2C usam ilustrações e fotos, newsletters digitais, vídeos e artigos em sites, ao passo que mais de 80% das empresas B2B usam estudos de caso, blogs, newsletters digitais e eventos presenciais.

Dada a tendência rumo ao marketing de conteúdo multitelas – atualmente, 90% de todas as interações de mídia aparecem em algum tipo de tela, de acordo com o Google –, os profissionais de marketing precisam levar em conta vários formatos para assegurar a visibilidade e a acessibilidade de seu conteúdo.

Outro elemento que precisa ser examinado no estágio de concepção e planejamento é a narrativa geral do marketing de conteúdo. Ele costuma ser episódico, com diferentes arcos de histórias curtas que apoiam o enredo geral. Embora seja verdade que o marketing de conteúdo é mais eficaz no início do caminho do consumidor (sobretudo para gerar interesse e curiosidade nos estágios de *atração* e *arguição*), o conteúdo deve ser distribuído ao longo de todo o caminho do consumidor. O segredo é muitas vezes desenvolver o mix de formatos e a sequência certos.

Passo 4: Criação do conteúdo

Todas as atividades que discutimos levam ao passo mais importante, que é a criação do conteúdo em si. Profissionais de marketing de sucesso sabem que a criação do conteúdo não é um trabalho de meio período que possa ser feito sem muito empenho. Ela exige enorme compromisso em termos de tempo e orçamento. Se o conteúdo não for de alta qualidade, original e rico, uma campanha de marketing de conteúdo torna-se uma perda de tempo e fracassa.

Algumas marcas optam por criar o próprio conteúdo. A American Express Publishing, por exemplo, conseguiu publicar conteúdo editorial de alta qualidade para segmentos de elevado poder aquisitivo, que inclui títulos como *Travel + Leisure* e *Food & Wine*. O grupo editorial acabou sendo vendido à Time Inc. quando regulamentações bancárias limitaram sua capacidade de crescimento.

A criação do conteúdo pode realmente ser um negócio separado. Exige que profissionais de marketing ajam como editores, com bons redatores e revisores. Bons produtores de conteúdo interno devem atender a padrões elevados de jornalismo e integridade editorial. Não devem ser tendenciosos em relação à marca para a qual trabalham e também precisam aprender com os grandes produtores de Hollywood a construir histórias divertidas e instigantes.

A criação do conteúdo não tem datas de início e fim. É um processo contínuo que exige persistência. Portanto, os profissionais de marketing precisam ter certeza de que possuem os recursos internos adequados para criar conteúdo a longo prazo. Sem essa capacidade, devem pensar em adquirir esse conteúdo de fontes externas. O meio mais fácil é terceirizar a criação para produtores profissionais de conteúdo: jornalistas, roteiristas, animadores e produtores de vídeo.

Outra alternativa é patrocinar conteúdo produzido por terceiros. Considere este fato surpreendente revelado pelo *The New York Times*: os leitores estão dedicando mais ou menos a mesma quantidade de tempo a posts patrocinados e a noticiários. Um exemplo de post patrocinado é um artigo da MasterCard intitulado "O custo surpreendente de não tirar férias", que discute em detalhe as implicações econômicas de não tirar férias. Outra possibilidade é selecionar conteúdo gerado por usuários. Um exemplo é a Cervejaria de Ideias da Heineken, em que a empresa convida os consumidores a criar e compartilhar vídeos e imagens a fim de redefinir como o chope deveria ser servido e bebido no futuro.

Passo 5: Distribuição do conteúdo

O conteúdo de alta qualidade é inútil se não atingir o público pretendido. Em um mar de informações, é fácil um conteúdo específico se perder na transmissão. Os profissionais de marketing precisam assegurar, por meio de uma distribuição adequada, que seu conteúdo possa ser descoberto pelo público. É verdade que o marketing de conteúdo surgiu na era digital. No entanto, ao contrário da crença popular, ele não é necessariamente realizado por canais de mídia digital. Há formatos de conteúdo e canais de distribuição físicos que são utilizados com frequência. E até os nativos digitais usam produtos de marketing de conteúdo não digital. Os exemplos incluem a publicação de livros corporativos como *Delivering Happiness,* da Zappos, e *The Everything Store,* da Amazon. Além disso, segundo uma pesquisa do Content Marketing Institute, profissionais de marketing B2B e B2C na América do Norte concordam que eventos presenciais proporcionam uma abordagem de marketing de conteúdo mais eficaz. Eventos presenciais permitem interações pessoa a pessoa mais significativas, que faltam ao marketing de conteúdo digital.

Existem três grandes categorias de canais de mídia que os profissionais de marketing de conteúdo podem usar: próprios, pagos e conquistados. A mídia própria consiste nos ativos de canal que a marca possui e que estão plenamente sob seu controle. As marcas podem distribuir conteúdo em canais de mídia próprios no momento em que quiserem. A mídia própria inclui publicações corporativas, eventos corporativos, sites, blogs, comunidades on-line geridas pela empresa, newsletters enviadas por e-mail, contas de mídia social, notificações por celular e aplicativos para celular pertencentes à marca. Trata-se de mídias altamente direcionadas cujo alcance se limita aos clientes da marca já existentes. Embora a mídia própria seja gratuita, desenvolvê-la e geri-la requer recursos internos significativos.

A mídia paga, por outro lado, são os canais que a marca contrata para distribuir seu conteúdo. Eles incluem mídias publicitárias tradicionais e eletrônicas, mídia impressa e mídia *out of home* (OOH), além da mídia digital. No espaço digital, os canais de mídia paga mais comuns incluem *banners*, redes afiliadas de sites de conteúdo, links patrocinados em mecanismos de busca, posts patrocinados em mídia social e espaço publicitário mobile junto a redes de telefonia celular. O pagamento costuma ser feito com base no número de impressões (quantas vezes o conteúdo é exibido) ou no número de ações (quantas vezes o público de fato concretiza interações, como cliques, registros ou compras). A mídia paga costuma ser usada para alcançar e adquirir novos públicos potenciais em um esforço de desenvolver consciência da marca e direcionar o tráfego para canais de mídia próprios.

A mídia conquistada inclui a cobertura e a exposição obtidas pela marca em virtude de propaganda boca a boca ou defesa da marca. Quando a qualidade do conteúdo é muito alta, com frequência o público se sente compelido a viralizá-lo por meio de mídia social e comunidades – daí a propaganda boca a boca orgânica. A exposição na mídia conquistada também pode resultar de uma campanha sólida de relações públicas e de mídia, criando o que se conhece como propaganda boca a boca ampliada. A mídia conquistada normalmente não está sozinha. Requer a mídia própria e a paga para gerar a cobertura grátis.

Passo 6: Ampliação do conteúdo

O segredo para uma distribuição forte na mídia conquistada é uma estratégia de ampliação do conteúdo. Nem todos os públicos são iguais, e, quando o conteúdo alcança influenciadores-chave no grupo de público visado, esse conteúdo tem mais chance de viralizar. Assim, o primeiro passo para os profissionais de marketing é identificar esses influenciadores. Eles são figuras respeitadas em suas comunidades e contam com um número considerável de seguidores e públicos engajados. Costumam ser eles mesmos criadores de conteúdo que adquiriram reputação por compartilhar excelente conteúdo viral. São considerados experts em suas comunidades.

Para que esses influenciadores endossem e disseminem um conteúdo de marca, muitas vezes a boa qualidade não é suficiente. A regra da reciprocidade se aplica. O segredo é desenvolver e cultivar um relacionamento de ganho mútuo com os influenciadores. Os profissionais de marketing precisam assegurar que os influenciadores acharão útil melhorar sua reputação ao disseminar o conteúdo da marca. Alguns influenciadores também estão interessados em expandir seu alcance, e os profissionais de marketing podem ajudá-los fornecendo acesso a um público maior.

Uma vez que o conteúdo tenha sido ampliado, é preciso seguir em frente e acompanhar as conversas geradas pelo conteúdo, engajando-se nelas. Isso às vezes pode ser uma tarefa esmagadora, considerando-se a magnitude das conversas e o número de mídias envolvidas. Assim, os profissionais de marketing precisam selecionar com cuidado as conversas das quais querem participar.

Passo 7: Avaliação do marketing de conteúdo

A avaliação do sucesso de uma campanha de marketing de conteúdo é um importante passo pós-distribuição. Envolve os indicadores de desempenho estratégico e tático. Estrategicamente, os profissionais de marketing devem avaliar se a estratégia de marketing de conteúdo atingiu as metas ligadas às vendas e à marca estabelecidas no Passo 1. Como as metas estão alinhadas com os objetivos gerais da empresa, a avaliação é direta e pode ser integrada com o indicador de desempenho geral da marca.

Do ponto de vista tático, os profissionais de marketing também precisam avaliar as métricas-chave do marketing de conteúdo, que dependem da escolha dos formatos e dos canais de mídia. Basicamente, os profissionais irão rastrear o desempenho do conteúdo ao longo do caminho do consumidor com a ajuda de ferramentas de escuta social e análise de dados. Existem cinco categorias de indicadores que medem se o conteúdo é visível (*assimilação*), comunicável (*atração*), pesquisável (*arguição*), útil (*ação*) e compartilhável (*apologia*).

As métricas de visibilidade referem-se à quantificação do alcance e da consciência. Entre as mais comuns estão impressões (quantas vezes o conteúdo é exibido), visitantes únicos (quantas pessoas veem o conteúdo) e lembrança da marca (qual porcentagem é capaz de se lembrar do nome da marca). A comunicabilidade, por outro lado, mede quão bem o conteúdo atrai o interesse. Os indicadores incluem visualizações de página por visitante (o número de páginas que as pessoas visitam enquanto estão em um site de conteúdo), taxa de rejeição (a porcentagem de pessoas que saem do site após visitar apenas uma página) e tempo gasto no site (a duração da visita), entre outros. As métricas de pesquisa costumam medir o grau em que o conteúdo é descoberto por mecanismos de busca. Entre os indicadores importantes estão posição nos mecanismos de busca (posições do conteúdo na lista de resultados de um mecanismo de busca quando pesquisado por certas palavras-chave) e referências dos mecanismos de busca (quantas visitas ao site da empresa decorrem dos resultados dos mecanismos de busca).

As métricas de ação estão entre as mais importantes a rastrear. Elas medem basicamente se o conteúdo consegue induzir o cliente a realizar uma ação. As métricas típicas incluem taxa de cliques (proporção entre o número de cliques e o número de impressões) e outras taxas de conversão (porcentagem dos públicos que completam certas ações, como se registrar e comprar). Em última análise, os profissionais de marketing precisam rastrear quão bem seu conteúdo vem sendo compartilhado, o que é um reflexo da defesa da marca. Entre as métricas de compartilhamento estão a taxa de compartilhamento (proporção entre o número de compartilhamentos e o número de impressões) e a taxa de engajamento (no Twitter, por exemplo, ela é medida dividindo-se o total de seguidores pelas ações de compartilhamento, como retuítes, favoritos, respostas e menções).

Passo 8: Melhoria do marketing de conteúdo

A grande vantagem do marketing de conteúdo em relação ao marketing tradicional é ser altamente controlável: é possível rastrear o desempenho por tema do conteúdo, formato do conteúdo e canal de distribuição. O rastreamento do desempenho é muito útil para analisar e identificar oportunidades de melhoria em nível bem detalhado. Isso também significa que os profissionais de marketing de conteúdo podem facilmente testar novos temas, formatos e canais de distribuição de conteúdos.

Como o conteúdo é muito dinâmico, melhorias periódicas são essenciais. Os profissionais de marketing deveriam definir seus horizontes de avaliação e melhoria e decidir quando está na hora de mudar a abordagem do marketing de conteúdo. No entanto, é importante observar que o marketing de conteúdo muitas vezes requer tempo para exercer impacto, exigindo, portanto, certo grau de persistência e regularidade na implementação.

Resumo: Criação de conversas com conteúdo

Um número crescente de profissionais de marketing está fazendo a mudança da propaganda para o marketing de conteúdo. Uma mudança de mentalidade é necessária. Em vez de divulgar mensagens de proposição de valor, esses profissionais deveriam esta distribuindo conteúdo que seja útil e valioso para os consumidores. Ao desenvolver marketing de conteúdo, é comum se concentrar na produção e na distribuição de conteúdo. No entanto, uma boa campanha de marketing de conteúdo também requer atividades de pré-produção e pós-distribuição adequadas. Para isso existem oito grandes passos do marketing de conteúdo que os profissionais devem seguir a fim de iniciar conversas com os consumidores.

PERGUNTAS PARA REFLEXÃO

- Qual conteúdo você acha que será mais valioso para seus consumidores?
- Como o conteúdo pode contar uma história sobre sua marca?
- Como você planeja executar sua estratégia de marketing de conteúdo?

10 Marketing onicanal para compromisso com a marca

Integração das mídias e experiências tradicionais e digitais

A ascensão do marketing onicanal

Imagine um cenário no qual um consumidor toma conhecimento de um produto por meio de anúncios na TV. Ele então visita uma loja próxima para tentar testar o produto. Depois de examiná-lo, bem como a outros produtos concorrentes, e consultar um atendente da loja, o consumidor enfim decide que aquele produto é o melhor. Ele então busca o mesmo produto on-line e compra ali por um preço menor.

Agora imagine outro cenário, em que um consumidor descobre um produto por anúncios em *banners* on-line. Ele então busca mais informações sobre o produto na mídia social com um smartphone. Um post na mídia social o leva a um site de comparação de produtos, que é prontamente examinado. O consumidor então conclui que o produto é o melhor do mercado, procura a loja mais próxima onde pode encontrar a marca e vai até lá comprar.

O primeiro cenário é chamado de "*showrooming*", e o último, de "*webrooming*". Ambos são cenários de compra comuns na era digital. Os consumidores assumem perfis cada vez mais conectados e indiferentes ao canal. Eles mudam constantemente de um canal para outro

– de on-line para off-line e vice-versa – e esperam uma experiência contínua e uniforme sem qualquer lacuna perceptível. Infelizmente, os canais de marketing tradicionais nem sempre estão organizados para permitir uma transição tranquila entre um e outro. Na verdade, com frequência eles estão segregados, cada qual com os próprios conjuntos de metas e estratégias. Isso cria um enorme desperdício de oportunidades.

A forma como os profissionais de marketing abordam os canais de venda e a comunicação deveria mudar e se adaptar a essa nova realidade. Na era digital, o caminho do consumidor nem sempre é direto, sendo às vezes até em espiral. Além disso, existem muitas combinações possíveis de pontos de contato pelos quais os consumidores podem passar em seu percurso até a compra. Os profissionais de marketing precisam conduzir os consumidores por cada passo do caminho nos canais físicos e on-line, de modo que a marca esteja disponível onde e quando os consumidores decidirem fazer uma compra.

É aí que entra em cena o *marketing onicanal* – a prática de integrar vários canais para criar uma experiência de consumo contínua e uniforme. Ele requer que as organizações rompam os feudos dos canais e unifiquem suas metas e estratégias. Isso irá assegurar um esforço conjunto de vários canais on-line e off-line para levar os consumidores ao compromisso com a compra.

Está provado que o marketing onicanal gera resultados. Uma pesquisa da International Data Corporation descobriu que os compradores onicanal tipicamente alcançam um valor do tempo de vida do cliente (*lifetime value*) 30% maior do que os compradores de um só canal. A Macy's constatou inclusive que seus compradores onicanal eram oito vezes mais valiosos do que aqueles que recorriam a um só canal. Os consumidores se comprometem mais quando têm opções e quando são capazes de comprar um artigo no momento exato em que desejam.

Por causa disso, há anos grandes empresas vêm implementando o marketing onicanal. Varejistas físicos como Macy's e Walmart inicialmente viram o marketing onicanal como a reação à presença crescente do comércio eletrônico. Mas agora encaram a integração de seus canais varejistas on-line e off-line como uma grande oportunidade de crescimento. Em resposta, a Amazon também fez sua incursão no mundo físico, abrindo uma loja física em Seattle e introduzindo o Dash Button, um dispositivo em formato de botão para encomenda automática de artigos domésticos. Tendências recentes mostram que o marketing onicanal vem crescendo rapidamente. Na verdade, as tendências e os avanços tecnológicos que o tornam realidade impelirão o marketing onicanal a se tornar a prática predominante.

Tendência 1: Concentrar-se no comércio mobile da economia do "agora"

À medida que os consumidores se tornam cada vez mais conectados, o tempo passa a ser o recurso mais escasso em suas vidas. Eles escolhem marcas que ofereçam conveniência no acesso e nas transações. Esperam que as empresas forneçam soluções instantâneas para suas necessidades sem quaisquer inconveniências. A velocidade de entrega costuma ser tão importante quanto os produtos e serviços em si. Na economia do "agora", mercados em tempo real – os Ubers e Airbnbs da vida – que conectam vendedores com compradores estão florescendo.

Os telefones celulares certamente são responsáveis por isso. Nenhum outro canal supera os celulares quando se trata da proximidade com os clientes. Além disso, nenhum outro canal é tão pessoal e conveniente quanto um celular. Portanto, quando as startups inundam o mercado com seus serviços sob demanda, o nível de adesão não tem precedentes.

Com um número cada vez maior de consumidores fazendo compras pelo celular – o comércio mobile representou 30% do total do comércio eletrônico americano em 2015, segundo o portal Internet

Retailer –, é imperativo que os profissionais de marketing ponham os dispositivos móveis no centro de sua estratégia onicanal.

A BMW do Reino Unido, por exemplo, agora permite que os clientes comprem carros pelo telefone celular. Quando eles escaneiam com o celular a imagem de um carro BMW em anúncios impressos em revistas ou em outdoors, são levados ao site do modelo correspondente para conhecer os detalhes do carro e realizar a compra. O processo inteiro pode levar apenas 10 minutos.

A próxima grande categoria, a de tecnologias vestíveis, tem o potencial de alimentar ainda mais essa tendência. Como os celulares, as tecnologias vestíveis estão quase sempre em contato com os consumidores. Na verdade, espera-se que eles as estejam usando o tempo todo. Como as tecnologias vestíveis ficam no corpo dos consumidores, podem também ajudar os profissionais de marketing a coletar dados sobre padrões do caminho do consumidor. Dadas as projeções de que as vendas dessas tecnologias superem 305 milhões de unidades até 2020, segundo o Euromonitor, a economia do "agora" não mostra sinais de desaceleração.

Tendência 2: Trazer o "webrooming" *para os canais off-line*

Nas lojas físicas, os clientes muitas vezes enfrentam a tarefa intimidante de examinar um monte de opções nas estantes e tomar uma decisão de compra. Os profissionais de marketing precisam ajudar esses clientes a descobrir e, por fim, comprar suas marcas em meio à confusão e ao ruído comum dentro das lojas.

Tecnologias de sensores – *beacon*, comunicação por campo de proximidade (NFC) e identificação de radiofrequência (RFID) – fornecem soluções para esse problema ao trazer o "*webrooming*" para dentro das lojas. Varejistas (como Apple Store, GameStop, Macy's) podem instalar estrategicamente por suas lojas dispositivos chamados *beacons*, que se comunicam via tecnologia Bluetooth com os smartphones dos clientes quando estão bem próximos, criando conexões de máquina a máquina. Assim, os *beacons* permitem que varejistas rastreiem a localização dos clientes dentro da loja. Mais que isso, eles permitem monitorar quais departamentos os clientes mais visitam e quanto tempo passam lá. Os *beacons* também tornam possível o envio de ofertas personalizadas aos smartphones dos clientes com base no local onde estão. Quando os varejistas dispõem de dados comportamentais mais abundantes sobre os clientes (por exemplo, de compras passadas), as ofertas podem ser bastante personalizadas, aumentando assim as chances de compra.

Ainda que os clientes estejam interessados em ofertas altamente direcionadas, às vezes ainda sentem a necessidade de avaliá-las. Por isso buscam mais informações on-line. Quando a informação "valida" seu interesse, acabam aceitando as ofertas. Com as tecnologias de sensor, os varejistas conseguem facilitar esse processo. A Burberry, por exemplo, utiliza tecnologias de sensor em suas lojas. Os artigos de vestuário são equipados com etiquetas de identificação por radiofrequência (RFID) que ativam os espelhos das cabines quando os clientes provam as roupas. No espelho, os clientes podem assistir a um vídeo que descreve o produto. O Casino, uma rede de supermercados francesa, coloca etiquetas de comunicação por campo de proximidade (NFC) em seus produtos. Quando os clientes tocam na etiqueta com seus smartphones, obtêm acesso instantâneo a detalhes do produto. E não é só: a empresa conduz os clientes por todo o caminho até a compra. Os clientes podem escanear as etiquetas com seus smartphones para acrescentar produtos às suas cestas virtuais e pagar.

A abordagem de usar conectividade de máquina a máquina (a internet das coisas) traz a simplicidade e a proximidade da experiência de "*webrooming*" para a experiência de compra off-line. Permite aos canais off-line engajar os consumidores com conteúdo digital relacionado que facilita as decisões de compra, como detalhes de produto e avaliações de outros clientes. Aprimora fortemente a experiência geral de onicanal e, mais importante, ajuda os profissionais de marketing a melhorar as vendas.

Tendência 3: Trazer o "showrooming" *para os canais on-line*

Na era digital, os consumidores podem adquirir produtos e serviços de forma fácil e instantânea. Também podem acessar conteúdo rico e valioso para facilitar sua tomada de decisão. No entanto, os canais on-line provavelmente nunca substituirão por completo os canais off-line. As compras em meio físico envolvem o uso dos cinco sentidos para o cliente experimentar produtos e serviços antes de se comprometer com a compra. Além disso, as compras em lojas envolvem um estilo de vida social e status. As pessoas esperam ver e ser vistas por outras quando fazem compras off-line. Envolvem também conexões pessoa a pessoa que geralmente ocorrem em canais off-line.

Para trazer os benefícios envolventes da compra off-line para os canais on-line, os profissionais de marketing podem adaptar técnicas de "*showrooming*". A Tesco, na Coreia do Sul, é um ótimo exemplo. Como um dos povos mais ocupados do mundo, com as mais longas jornadas de trabalho, os sul-coreanos acham a compra no supermercado uma grande inconveniência. Em resposta a isso, a Tesco criou lojas virtuais – feitas, basicamente, de papéis de parede com estampa que imita prateleiras de supermercado – em locais públicos, como estações de metrô. Consumidores ocupados podem fazer compras com seus smartphones enquanto aguardam o trem simplesmente escaneando os produtos que desejam com o aplicativo Homeplus. Os produtos são enviados pela Tesco e entregues momentos depois de os clientes chegarem em casa.

A IKEA é outro exemplo. A empresa percebeu que é desafiador para os consumidores encontrar móveis que se encaixem em seus espaços. Assim, com um aplicativo de realidade aumentada e um catálogo impresso, a IKEA ajuda os clientes a solucionar esse problema. Colocando o catálogo impresso no local onde pretendem instalar um móvel e vendo-o pela tela do aplicativo, eles podem ter uma visão antecipada da peça em suas casas.

Essa abordagem de "*showrooming*" permite aos clientes fazer compras e explorar produtos em espaços físicos, utilizar seus sentidos e ainda criar conexões pessoa a pessoa enquanto compram. Traz o melhor das experiências off-line para os canais on-line. Além disso, resolve desafios típicos associados às compras on-line.

Otimizando a experiência onicanal com análise de big data

Em aplicativos recentes, "*showrooming*" e "*webrooming*" dependem fortemente dos dispositivos móveis (telefones celulares e tecnologias vestíveis) como as interfaces principais para a experiência do cliente. Além do papel de interface, os dispositivos móveis também são ferramentas eficazes de captura de dados. Eles servem como a ponte que conecta o mundo digital com o mundo off-line. Os profissionais de marketing agora são capazes de enxergar um quadro contínuo de consumidores navegando pelos canais on-line e off-line, algo antes impossível. Os dados abundantes sobre clientes que podem ser capturados incluem faixa demográfica, padrões de movimentação em canais off-line, padrões de consulta em canais on-line, atividades na mídia social, preferências por produtos e promoções, e registros de transações, entre outros.

Capturar os dados é extremamente útil para os profissionais de marketing otimizarem as operações dos canais. Saber por onde os clientes caminham e em que gastam seu tempo dentro de uma loja permite aprimorar a disposição dos produtos e o merchandising visual da loja. Entender qual promoção funciona para cada cliente individual permite ajustar as mensagens de forma compatível e evitar o envio de spams irrelevantes. Ser capaz de saber exatamente onde os clientes estão em qualquer momento permite seduzi-los com ofertas em tempo real. Além disso, os profissionais de marketing podem usar os dados coletados para analítica preditiva. Rastrear padrões históricos de transações ajuda a prever o que os clientes comprarão em seguida. Em última análise, fornece a oportunidade de prever necessidades futuras dos clientes e gerir os estoques.

É importante que os profissionais de marketing entendam essas tendências envolvendo o comércio mobile, "*webrooming*", "*showrooming*" e análise de canais, dado que realçam e integram os canais de vendas e de comunicação das marcas para fornecer uma experiência onicanal holística.

Marketing onicanal passo a passo

Para desenvolver uma boa estratégia de marketing onicanal, os profissionais de marketing devem ver o caminho do consumidor em um nível mais detalhado. Eles precisam mapear todos os possíveis canais e pontos de contato com o consumidor ao longo dos cinco As. Como existem muitas combinações possíveis de canais e pontos de contato, é necessário identificar os mais populares. A estratégia de marketing onicanal deve se concentrar na integração desses canais mais populares.

Passo 1: Mapear todos os possíveis pontos de contato e canais ao longo do caminho do consumidor

O primeiro passo no desenvolvimento de uma estratégia de marketing onicanal é mapear todos os possíveis pontos de contato e canais ao longo dos cinco As (ver Figura 10.1). Um ponto de contato é definido como toda interação direta e indireta do consumidor, on-line e off-line, com a marca e/ou outros consumidores dentro de um contexto relacionado à marca. Costuma ser descrito como uma ação real que os consumidores executam quando estão em cada um dos estágios dos cinco As. Por exemplo, no estágio de *assimilação*, os pontos de contato do consumidor com a marca incluem conhecer o produto, ao passo que no estágio de *ação* os pontos de contato do consumidor incluem comprar um produto, usar o produto e buscar serviços adicionais.

Um canal, por outro lado, é um dos intermediários on-line e off-line utilizados pelos consumidores para interagir com a marca. De

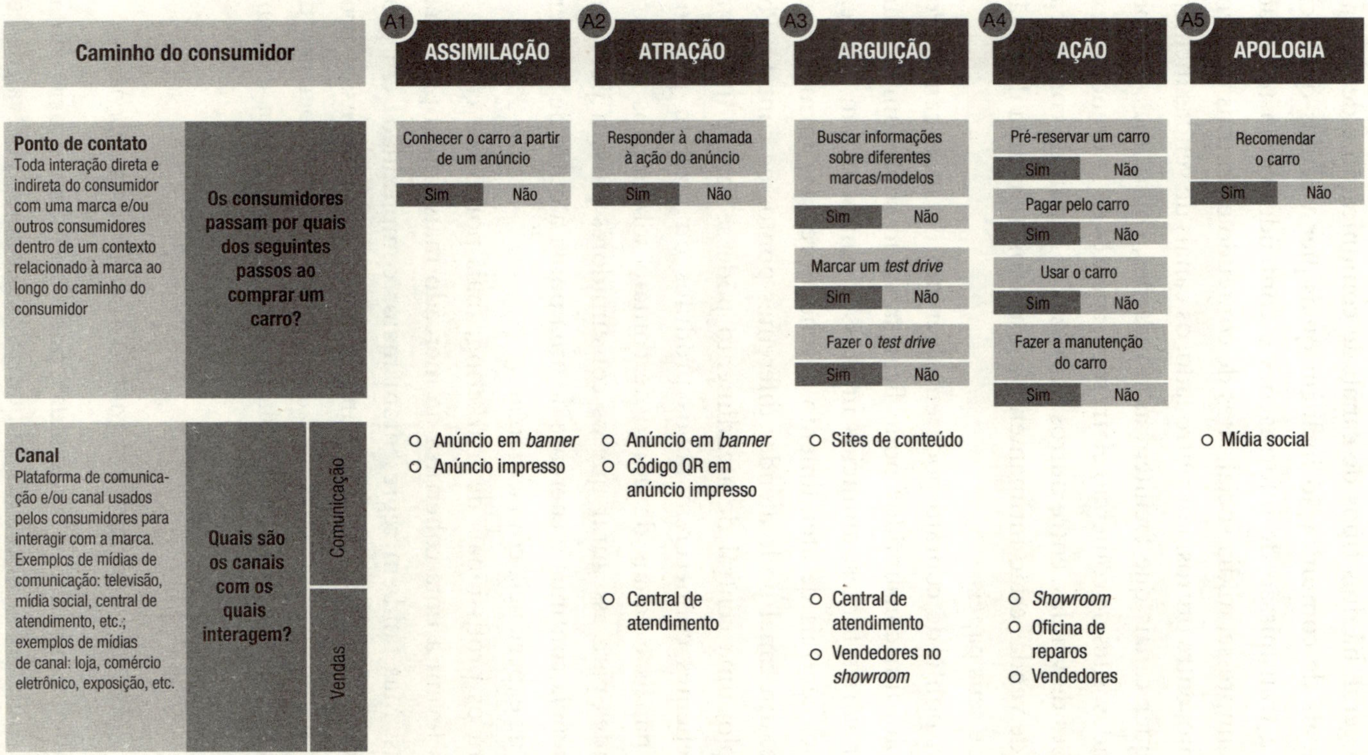

Figura 10.1 Mapeamento dos pontos de contato e canais ao longo do caminho do consumidor

modo geral, há dois tipos de canal: de comunicação e de vendas. Os canais de comunicação incluem quaisquer veículos que facilitem a transmissão de informações e conteúdo, como televisão, mídia impressa, mídia social, sites de conteúdo e centrais de atendimento, entre outros. Por outro lado, os canais de vendas incluem quaisquer canais que facilitem as transações, como lojas, equipes de vendas, sites de comércio eletrônico, agentes de televendas e exposições de vendas, entre outros. Às vezes os canais de comunicação e de vendas estão intimamente associados, sem uma definição clara de seus papéis.

Um ponto de contato pode envolver um ou mais canais. Por exemplo, um consumidor pode ficar sabendo sobre um produto por várias fontes: anúncios impressos, anúncios em *banners* on-line, centrais de atendimento e vendedores. De forma semelhante, um canal pode atender diferentes pontos de contato. Por exemplo, uma central de atendimento pode se tornar um canal para clientes conhecerem novos produtos ou fazerem pedidos. Esses papéis e canais de ponto de contato sobrepostos são importantes para assegurar que os consumidores passem por uma experiência contínua e coerente de uma ponta a outra de seu percurso de experiência com a marca.

Para os profissionais de marketing, mais pontos de contato e canais levam a uma cobertura de mercado mais ampla para suas marcas. Mas também representam maior complexidade em projetar uma estratégia de marketing onicanal coerente. Esses profissionais precisam encontrar o equilíbrio entre a cobertura de mercado e a simplicidade ao planejarem sua estratégia de marketing onicanal.

Passo 2: Identificar os pontos de contato e canais mais críticos

Qualquer consumidor individual pode escolher experimentar uma combinação diferente de pontos de contato por vários canais em determinada sequência, o que chamamos de cenário do caminho do consumidor. Por exemplo, um consumidor que deseja comprar um carro pode ver um anúncio de *banner* on-line, clicar nele e ir para um site de conteúdo no qual conhecerá melhor o carro. Além disso, ele marca um *test drive* e decide comprar depois de realizar o teste. Esse é um cenário possível. Outro cenário possível é aquele em que o consumidor vê o anúncio na televisão, liga para a central de atendimento para marcar um *test drive* e decide comprar depois do teste.

Existem vários cenários possíveis que podem aumentar a complexidade da execução do marketing onicanal. O foco deve recair sobre os mais populares. O princípio de Pareto pode servir de regra prática: 20% de todos os cenários possíveis podem estar sendo seguidos por 80% dos clientes. Os recursos da empresa devem se concentrar em criar uma experiência contínua e uniforme ao longo dos pontos de contato e canais mais relevantes (ver Figura 10.2).

Passo 3: Melhorar e integrar os pontos de contato e canais mais críticos

O próximo passo é avaliar e melhorar os canais mais importantes relacionados aos pontos de contato mais críticos, o que determinará o sucesso do marketing onicanal. As empresas também deveriam alocar recursos financeiros adicionais a esses elementos tão relevantes.

Para proporcionar uma experiência do cliente verdadeiramente onicanal, as empresas também devem criar uma estrutura organizacional capaz de operacionalizar a estratégia. Elas precisam romper os feudos organizacionais e conectar as equipes internas responsáveis por diferentes canais para que possam colaborar a fim de entregar aquela experiência de forma contínua e uniforme. Em muitos casos, a colaboração funciona melhor quando as empresas unificam equipes de diferentes canais, bem como suas metas e seus orçamentos. A partir dessa fusão, elas trabalharão juntas para descobrir o melhor

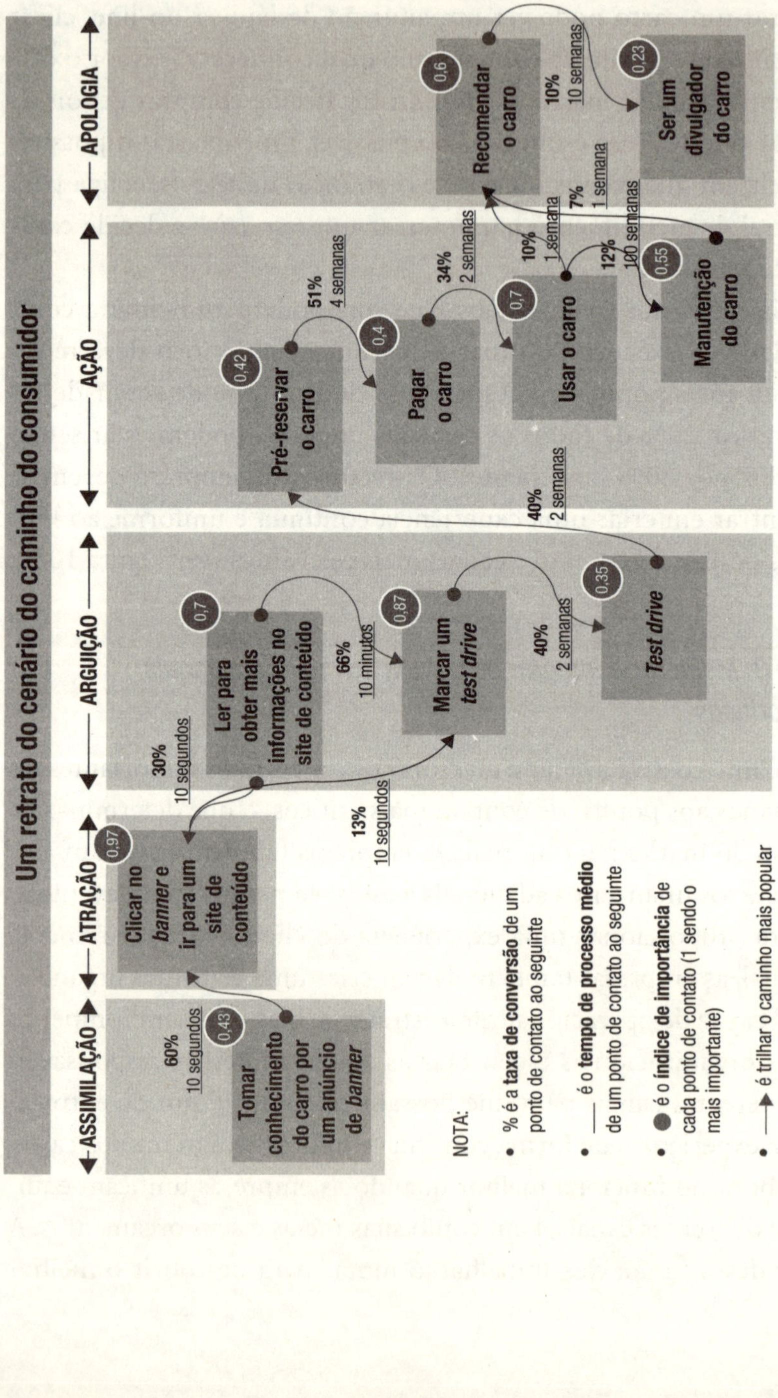

Figura 10.2 Identificar os pontos de contato e canais mais populares

meio de alocar seus orçamentos e alcançar suas metas, independentemente dos canais. O objetivo torna-se unificado: entregar a melhor experiência ao cliente e, ao mesmo tempo, obter o maior número de vendas possível do marketing onicanal.

Em algumas organizações onde a fusão de equipes de diferentes canais é inviável, pode-se incentivar as equipes de forma unificada, assegurando que todos estejam motivados a apoiar a iniciativa de marketing onicanal. Por exemplo, agentes de centrais de atendimento podem ser incentivados em seus papéis de induzir os clientes à compra, embora a transação também possa ocorrer no site de comércio eletrônico. Esse alinhamento dos incentivos assegura que todos dentro da organização estejam a bordo.

Resumo: Integração do que há de melhor nos canais on-line e off-line

Os consumidores saltam de um canal a outro e esperam uma experiência contínua e uniforme. Para abordar essa nova realidade, os profissionais de marketing estão integrando os canais on-line e off-line na tentativa de conduzir esses consumidores por todo o caminho até a compra. Então eles precisam buscar combinar o melhor dos dois mundos: o imediatismo dos canais on-line e a intimidade dos canais off-line. Para fazê-lo com eficácia, os profissionais de marketing devem se concentrar nos pontos de contato e canais mais relevantes e engajar os funcionários da organização no apoio à estratégia de marketing onicanal.

PERGUNTAS PARA REFLEXÃO

- Quais são os pontos de contato e canais com os consumidores mais relevantes para sua empresa?
- Você alinhou os canais para apoiar uma experiência contínua e uniforme?

11 Marketing de engajamento para afinidade com a marca

Aproveitar o poder de aplicativos para celular, CRM social e gamificação

Quando os profissionais de marketing conseguem conduzir os consumidores da *assimilação* à *ação*, completam o que se conhece como ciclo de vendas. É compreensível que a maioria dos profissionais coloque mais ênfase na parte do ciclo de vendas dentro do caminho do consumidor. Entretanto, não deveriam subestimar a importância de guiar os clientes da *ação* à *apologia*. De fato, esse passo final no caminho do consumidor é o que diferencia o marketing digital do marketing tradicional. Na economia digital, o poder da defesa da marca é ampliado pela proliferação sem precedentes da conectividade móvel e das comunidades de mídia social.

Converter novos compradores em defensores fiéis envolve uma série de atividades de engajamento do consumidor. Existem basicamente três técnicas populares que têm resultado comprovado em aumentar o engajamento na era digital. A primeira técnica envolve o uso de aplicativos para celular e dispositivos móveis a fim de melhorar a experiência digital do cliente. A segunda envolve a aplicação da gestão do relacionamento com o cliente (CRM) para engajar os clientes em conversas e fornecer soluções. Por fim, a *gamificação* ajuda a melhorar o engajamento ao induzir os conjuntos certos de comportamento dos clientes. Esses três métodos não se excluem; na verdade, os profissionais de marketing devem combiná-los para obter o melhor resultado.

Aprimorar as experiências digitais com aplicativos

Considere estes fatos: mais de 70% da população global possuirá smartphone em 2020, de acordo com o Relatório de Mobilidade Ericsson. Além disso, cerca de 80% do tráfego de dados móveis virá de smartphones. O que esse mercado dominado por smartphones acarretará?

Os consumidores já dependem fortemente de smartphones para realizar diversas atividades. Nos Estados Unidos, a maioria dos donos de smartphone lê notícias, compartilha conteúdo e descobre comunidades por meio de seus celulares, de acordo com o Pew Research Center. Outro estudo, feito pela Deloitte, aponta que o americano típico verifica seu celular em torno de 46 vezes ao dia. No contexto do serviço pós-venda, uma pesquisa encomendada pela Alcatel-Lucent no Brasil, Japão, Reino Unido e Estados Unidos constatou que os usuários de smartphone preferem aplicativos de autosserviço em vez dos serviços de assistência ao usuário. As pessoas se apegam aos seus smartphones, mantendo-os sempre por perto. Por isso não há dúvida de que esses aparelhos se tornaram os melhores canais para engajar os clientes, tornando imperativo para os profissionais de marketing tentar engajar os consumidores por meio de aplicativos para smartphone.

Evidentemente, a maioria das 100 maiores marcas globais já usa aplicativos para celulares com esse fim. Os aplicativos de marcas possuem uma ou mais situações de uso típicas. Na primeira, os aplicativos podem ser lançados como mídia para conteúdo (como vídeos e jogos). Um ótimo exemplo é o aplicativo Pokémon Go, que usa tecnologia de realidade aumentada. À medida que as pessoas vão a diferentes lugares, diferentes Pokémons – um tipo de criaturas fictícias – aparecem virtualmente na tela do aplicativo, induzindo as pessoas a se deslocarem mais e capturarem seus Pokémons.

Em uma segunda situação de uso, os aplicativos podem ser lançados como canais de autosserviço por meio dos quais os clientes acessam suas informações de cadastro ou realizam transações. Alguns exemplos incluem o Toyota Financial Services e o Walgreens, da famosa cadeia de farmácias americana. O Toyota Financial Services permite aos proprietários de Toyotas gerir suas contas e até comprar carros dentro do aplicativo. Já o Walgreens permite aos clientes renovar prescrições médicas, imprimir fotos e recortar cupons, entre outras funcionalidades.

Na terceira situação de uso típica, os aplicativos podem ser integrados à experiência central do produto ou serviço. Aplicativos lançados por montadoras de automóveis são bons exemplos. O My BMW Remote, por exemplo, pode ser usado para destrancar ou trancar um BMW. Por intermédio dele, também é possível soar a buzina ou acionar as luzes do carro para que seja mais fácil aos usuários encontrarem seus veículos num estacionamento. Já o aplicativo MMI Connect da Audi, por exemplo, dispõe do recurso Picture Destinations, que permite aos usuários enviar fotos geocodificadas de seus smartphones para o sistema de navegação do veículo. Outro exemplo de uma categoria diferente é o aplicativo da DirecTV que permite aos clientes assistir a programas de TV via *streaming* e também programar o gravador de vídeo digital de qualquer lugar. Esses aplicativos são sincronizados e integrados à experiência central do produto.

Com aplicativos e suas três principais situações de uso, os consumidores podem estabelecer interações livres de incômodos com as marcas. Agora o acesso a elas está em seus bolsos. Ao mesmo tempo, as empresas podem poupar custos já que a interface com o usuário é mais eficaz e eficiente.

Para desenvolver um bom aplicativo, os profissionais de marketing precisam percorrer diversos passos. O primeiro é determinar as situações de uso – ou seja, o que os clientes buscam ao usar o aplicativo. O passo seguinte é projetar as funcionalidades-chave e a interface com o usuário. Por fim, é preciso pensar sobre o suporte de *back-end* necessário para tornar impecável a experiência do usuário.

Passo 1: Determinar as situações de uso

É preciso realizar pesquisas de mercado adequadas a fim de identificar pontos de frustração dos clientes. Sobretudo quando eles experimentam os produtos e serviços a partir desses pontos de frustração, os profissionais de marketing devem descobrir como um aplicativo pode solucionar esses problemas. Eles precisam ser capazes de descrever como o aplicativo facilitará a vida dos clientes.

Por exemplo, a L'Oréal descobriu que a maior barreira nas compras de produtos de maquiagem on-line é que as consumidoras não conseguem imaginar qual será o efeito do produto ao ser utilizado. Portanto, a L'Oréal desenvolveu um aplicativo de realidade aumentada chamado Makeup Genius, que utiliza a câmera do smartphone como um espelho virtual, permitindo que as consumidoras testem seus produtos. Elas conseguem ver o resultado que os produtos irão proporcionar e compartilhá-lo na mídia social.

Passo 2: Projetar as funcionalidades-chave e a interface com o usuário

Uma vez determinadas as situações de uso do aplicativo, os profissionais de marketing precisam projetar suas funcionalidades-chave. Uma grande tendência nos aplicativos é o uso de SoLoMo (social, local e móvel). Aplicativos de marcas bem-sucedidos costumam ter recursos de colaboração e compartilhamento (social), funcionalidades baseadas na localização geográfica (local) e recursos dinâmicos (móvel).

Um bom exemplo é o aplicativo Nike+ Run Club, que possui todos esses elementos. Os clientes podem rastrear o percurso da corrida (local) e receber orientação à medida que se deslocam (móvel). Também podem postar uma foto da corrida com os dados de seu desempenho na mídia social e competir com amigos (social).

Em seguida, é preciso se certificar de que a interface com o usuário seja amigável mesmo para pessoas que não estão muito acostumadas a usar aplicativos. A simplicidade é fundamental. O aplicativo deve ser tão intuitivo que os usuários jamais precisem aprender como usá-lo.

Passo 3: Desenvolver a integração de back-end

A maioria dos aplicativos não é autônoma; eles são interfaces que precisam ser integradas com o sistema de *back-end*. Os profissionais de marketing devem definir como integrá-los a outros elementos de apoio nos quais os clientes não prestam atenção mas que são críticos para sua experiência.

A integração costuma envolver o escritório administrativo, pontos de venda físicos, outros canais de mídia e parceiros independentes. Por exemplo, o aplicativo Walgreens oferece serviços completos de saúde para pacientes, que podem renovar prescrições médicas e até consultar médicos por meio de chamadas de vídeo. Grandes esforços foram realizados para garantir que a experiência do cliente fosse bem amarrada, sem gargalos. A Walgreens precisou se assegurar de que o aplicativo estivesse conectado com o sistema de encomendas nos pontos de venda físicos. A rede também teve que colaborar com a MDLIVE, que possui uma rede de médicos, para se certificar de que a consulta ao vivo com um médico funcionasse no aplicativo móvel.

Fornecer soluções com CRM social

Nos últimos anos, a proliferação da mídia social tornou-se irreversível. O Pew Research Center informou que 65% dos adultos americanos usaram a mídia social em 2015, um aumento de 7% em relação a

2005. Em 2016 havia 2,3 bilhões de usuários de mídia social, o que representa 31% da população mundial, segundo a agência We Are Social.

Tornou-se imperativo para as marcas conectarem-se com os consumidores por meio da mídia social. Vejamos este fato relatado pelo Internet Advertising Bureau do Reino Unido: cerca de 90% dos consumidores de fato recomendariam as marcas depois de interagir com elas na mídia social. De forma semelhante, uma pesquisa da NM Incite revelou que os consumidores que recebem um atendimento ao cliente positivo pela mídia social são três vezes mais propensos a se tornarem defensores da marca. Em tal contexto, o CRM social – o uso da mídia social para gerir interações da marca com os clientes e desenvolver relacionamentos de longo prazo – será uma ferramenta essencial para o envolvimento do cliente.

O CRM social é uma grande mudança em relação ao CRM tradicional. Enquanto a tradicional gestão do relacionamento com o cliente (CRM) é tipicamente voltada para a empresa, o CRM social é voltado para o cliente. No CRM tradicional, as empresas ditam como deve ser feita a comunicação com os clientes e usam os canais de sua preferência, como e-mail e centrais de atendimento, para enviar suas mensagens. No CRM social, são os clientes que iniciam a comunicação por meio de consultas pela mídia social. Assim, o CRM social ignora o horário comercial e raramente pode ser automatizado. Os clientes esperam respostas instantâneas e personalizadas 24 horas por dia.

Dada a natureza da mídia social, o CRM social é conversacional. Ao contrário do CRM tradicional, que é mais unilateral e cíclico, o CRM social envolve diálogos permanentes. Os diálogos não são apenas entre as marcas e os clientes, mas também entre os clientes e suas comunidades. Por causa da dinâmica social, as questões dificilmente podem ser contidas e isoladas. Qualquer um, inclusive clientes potenciais, pode ver as respostas das marcas e se juntar à conversa.

Existem três usos típicos do CRM social. O primeiro é ouvir a voz do cliente. As marcas podem extrair ideias das conversas gerais relacionadas a elas que acontecem na mídia social. O segundo é envolver as marcas nas conversas gerais. As empresas podem escalar uma equipe para comentar e influenciar as conversas a fim de obter resultados mais favoráveis. O terceiro uso é lidar com reclamações que tenham potencial de levar a crises de marca. Espera-se que as empresas forneçam soluções aos problemas dos clientes antes que os problemas viralizem.

CRM social não é o mesmo que marketing de mídia social, embora as diferenças entre as duas técnicas estejam se tornando menos evidentes. O marketing de mídia social envolve fornecer mensagens e conteúdo sobre a marca por meio da mídia social (ver Capítulo 9), ao passo que o CRM social implica resolver os problemas dos usuários. Uma boa prática de CRM social, porém, pode se transformar em uma boa campanha de marketing quando os clientes se impressionam com os resultados. O marketing de mídia social também é mais dinâmico como resultado da fragmentação da mídia social. Assim, as marcas precisam ser colocadas em várias plataformas de mídia social para alcançar mais clientes e continuamente seguir as tendências de plataformas novas, emergentes. O CRM social é relativamente mais estável porque não são muitas as plataformas de mídia social adequadas a diálogos constantes.

Em alguns casos, o marketing de mídia social e o CRM social coexistem. Podem ser integrados ou segregados, sendo que cada opção tem seus prós e contras. Algumas marcas usam contas de mídia social separadas, uma para marketing de conteúdo e outra para CRM social. Um exemplo são as contas de mídia social da Nike: @nike.com é a conta principal (com marketing de conteúdo) e @nikesupport.com cuida do CRM social. A responsabilidade sobre a gestão do marketing de mídia social e do CRM social dentro das organizações costuma ser separada, envolvendo diferentes equipes e metas. Se algo sair errado no CRM social, o fato pode ser isolado sem prejudicar a conta de mídia social principal. O ponto fraco dessa abordagem é que o alcance é dividido. A conta de marketing de mídia social costuma ser mais popular do que a de CRM social. Também é mais difícil unificar o tom da comunicação das duas contas.

Outras marcas usam a mesma conta de mídia social para ambos os propósitos. Essa abordagem ajuda a unificar o alcance e o tom da comunicação da marca. Entretanto, ter uma só conta representa um grande risco para a marca. Se algo sair errado na área das reclamações, será visível para todos. Seamless, um serviço de encomenda de comida on-line, utiliza uma conta do Twitter unificada. Essa conta compartilha muito conteúdo e também é conhecida pela agilidade nas respostas às reclamações e consultas postadas na rede social. Às vezes, porém, sua imagem na mídia social pode ser excessivamente negativa em épocas de crise – por exemplo, quando o sistema de encomendas deixa de funcionar.

Passo 1: Consolidar a capacidade de perceber e responder

Na mídia social, o volume das conversas pode ser esmagador. Além disso, nem todos os consumidores fazem perguntas diretamente às marcas na mídia social. Alguns apenas conversam sobre as marcas com amigos, sem se dirigir a elas. Assim, o CRM social requer um algoritmo de escuta social para monitorar, filtrar e priorizar as conversas – distinguindo entre aquelas que importam e o ruído. Ao identificar conversas úteis, as marcas podem ingressar na conversa e causar impacto positivo. O algoritmo deve ainda ser capaz de localizar os principais sentimentos negativos e queixas que costumam levar a crises de marca. Isso dá às empresas a oportunidade de mitigar as crises antes que elas aconteçam.

Passo 2: Desenvolver e capacitar agentes de CRM social

Como foi mencionado, o CRM social não pode ser plenamente automatizado. A mídia social, por natureza, consiste em plataformas para interações pessoa a pessoa. Assim, uma marca que pretenda desenvolver uma plataforma de CRM social precisa recrutar e desenvolver agentes de CRM social capazes de representar a marca com um alto nível de empatia. Os agentes devem ter a personalidade e as atitudes certas, refletindo as da marca.

Como as conversas na mídia social são heterogêneas, agentes de CRM social devem receber uma sólida base de conhecimentos, abrangendo questões históricas e suas resoluções, para que sirvam de referência para novas situações. Eles também devem ser encorajados a compartilhar suas histórias entre si para permitir um aprendizado mais rápido. Com frequência, não dispõem das respostas imediatamente e precisam entrar em contato com as unidades responsáveis para obtê-las. Portanto, é fundamental que estejam conectados ao sistema da organização para facilitar esse contato.

Passo 3: Alavancar o envolvimento da comunidade

As empresas devem ter em mente que, a longo prazo, responder a todas as conversas na mídia social se tornará uma tarefa impossível. É fundamental haver uma mudança de mentalidade para passar do CRM tradicional, concentrado no "um para um", para o CRM social, caracterizado pelo "muitos para muitos". Em vez de se envolverem elas mesmas nas conversas, as empresas precisam engajar defensores fiéis da marca como voluntários.

Às vezes, deixar que defensores fiéis respondam a comentários negativos de fato ajuda a marca. Como são vistos como outros clientes, seus pares, têm mais credibilidade, e fica mais fácil acreditar neles. Em última análise, o CRM social deve ser uma plataforma de autoajuda que conecta os clientes dentro da comunidade. Em muitas comunidades de CRM social já consolidadas, elementos de gamificação são acrescentados para recompensar as contribuições dos indivíduos. A Cisco, por exemplo, desenvolveu grupos que reúnem especialistas e profissionais de TI. As comunidades então se tornam um sistema de suporte on-line capaz de responder a perguntas de correspondentes membros. Aqueles que oferecem contribuições são recompensados com pontos de reputação e selos.

Estimular o comportamento desejado com gamificação

A gamificação – o uso de princípios dos jogos em contextos alheios ao jogo – é um método poderoso de aumentar o engajamento dos consumidores. É mais usado em dois grandes contextos de obtenção de engajamento: programas de fidelidade e comunidades de clientes. Apesar da polarização de opiniões, o uso da gamificação vem crescendo nos últimos anos. Uma pesquisa do Pew Research Center com mais de mil interessados e críticos de tecnologia revelou que 53% concordaram que em 2020 a gamificação será predominante, ao passo que 42% argumentaram que cresceria apenas em certos domínios.

A forma mais antiga de gamificação para programas de fidelidade pode ser vista nos programas de milhagem de companhias aéreas, que encorajam os clientes a escolher a mesma empresa para todas as necessidades de viagem. Os clientes podem se inscrever em um programa de milhagem para acumular pontos ou milhas, que podem ser trocados por passagens aéreas ou outros produtos e serviços. Para motivar os clientes a acumular pontos, a maioria dos programas possui níveis. Os níveis mais altos, com frequência chamados de níveis de elite, estão associados a um status superior, com direito a mais privilégios.

A gamificação também é uma técnica que costuma ser usada em comunidades de consumidores on-line. O TripAdvisor, por exemplo, usa a gamificação para aumentar o engajamento. Enquanto nos programas de fidelidade os clientes são incentivados por pontos resgatáveis por recompensas, nas comunidades eles são motivados por pontos de reputação. Como depende do conteúdo gerado por usuários, o TripAdvisor precisa assegurar um suprimento constante de avaliações novas e de alta qualidade.

Para isso, o site oferece selos aos participantes para reconhecer suas contribuições a comunidades de viajantes. Os colaboradores são encorajados a redigir mais avaliações para aumentar sua posição. Existem seis níveis, que vão de Novo Colaborador (uma avaliação) a Colaborador Mestre (mais de 50 avaliações). Existem também selos específicos, como de expert (para avaliações em categorias específicas, como hotéis, restaurantes e atrações) e selos passaporte (para avaliações de ao menos dois destinos). Os colaboradores também recebem e-mails de suas posições em comparação com outros e são encorajados a escrever mais para melhorar sua classificação. Esses princípios dos jogos, como recompensar clientes por realizarem tarefas ou encorajar a competição por posições maiores, têm se mostrado altamente eficazes para criar engajamento contínuo.

Existem diversas razões pelas quais a gamificação é considerada a melhor ferramenta para o engajamento. Em primeiro lugar, esse sistema tira proveito do desejo humano de alcançar metas mais altas e ser reconhecido por suas realizações. Alguns consumidores são motivados por recompensas e outros, pela autorrealização. À semelhança dos jogos, existe certo nível de vício envolvido em perseguir níveis mais altos. Assim, os clientes têm interações contínuas com as empresas, criando uma afinidade mais forte.

Além disso, existe uma forte responsabilização na gamificação. As recompensas são concedidas quando os clientes realizam determinadas transações, como comprar mais produtos ou recomendar amigos. Como os privilégios estão associados aos níveis dos clientes nos programas, as empresas dão recompensas mais caras somente àqueles que realmente merecem, o que acaba sendo útil para estimar o orçamento de marketing. As empresas podem prever exatamente quanto irão gastar para obter determinada receita. Pontos e milhas, quando ligados a recompensas resgatáveis, também são formas de moeda virtual altamente confiáveis. Para as empresas, os pontos emitidos correspondem a um débito nos balanços.

O mais importante é que a gamificação está alinhada com tecnologias convergentes na economia digital. Trata-se de uma forma inteligente de coletar dados dos clientes, transacionais e não transacionais, bastante proveitosos para a customização e a personalização. Os níveis de clientes em si já ajudam as empresas a se concentrar nos mais importantes. A análise de big data também permite entender os padrões de comportamento dos clientes que são úteis à automação do marketing (por exemplo, nas ofertas personalizadas, *cross-selling* e *up-selling*).

O uso da gamificação para o engajamento dos clientes envolve três grandes passos que os profissionais de marketing precisam seguir. É preciso definir os objetivos em função das ações dos clientes que serão estimuladas pela gamificação. Uma vez fixados os objetivos, deve-se determinar como os clientes farão para aderir ao programa de gamificação e como poderão subir e descer nos níveis. Em cada nível, os profissionais de marketing precisam fornecer classes de reconhecimento e recompensa como incentivos para os clientes subirem a outros níveis.

Passo 1: Definir ações a estimular

Existem diversas ações que um programa de gamificação busca influenciar. Quando os clientes realizam as ações requeridas, ganham pontos. As mais estimuladas são ações transacionais como compras, recomendações e pagamentos. Quanto mais os clientes compram, mais pontos recebem. No programa Starbucks Rewards, as compras resultam em estrelas que os clientes podem resgatar por comida e bebidas grátis. Um programa de gamificação também pode incentivar recomendações dos clientes. O Uber, por exemplo, fornece viagens grátis ou créditos na conta para clientes que convidam amigos a se inscrever e utilizar o serviço. No caso do LendUp – um financiador on-line que faz empréstimos a pessoas físicas com nome negativado e que os bancos costumam rejeitar –, os clientes são encorajados a quitar suas dívidas no prazo para ganhar pontos.

Os profissionais de marketing também podem estimular os clientes a realizar atividades não transacionais. Como já foi descrito, um programa de gamificação pode motivar os clientes a escrever avaliações. O Top Reviewer Rankings da Amazon e sua Galeria da Fama reconhecem os clientes que redigem avaliações ativamente. Da mesma forma, eles podem ser motivados a fornecer informações pessoais. O Starbucks Rewards, por exemplo, oferece bebidas grátis no aniversário dos clientes, incentivando-os assim a fornecer a informação da data de nascimento. Outro método usado pelos profissionais de marketing é recompensar os clientes por desenvolverem hábitos melhores e mudarem seu comportamento. O LendUp, por exemplo, fornece pontos a tomadores de empréstimos que assistem a vídeos educativos sobre como melhorar sua avaliação de risco de crédito. Uma startup chamada AchieveMint fornece pontos – resgatáveis por mercadorias ou dinheiro – pelo engajamento em atividades saudáveis, que ela controla usando aplicativos de saúde. Outra startup, de Cingapura, chamada Playmoolah, ensina crianças a controlar melhor o dinheiro com um mecanismo de gamificação.

Passo 2: Definir a adesão e a classificação dos clientes em níveis

Algumas empresas inscrevem os clientes automaticamente quando eles recebem seus primeiros pontos ao realizar a primeira compra ou quando se registram e enviam suas informações pessoais. Depois da inscrição, os clientes são encorajados a realizar tarefas adicionais para acumular mais pontos, o que contribui para sua posição no programa.

A maioria das empresas classifica a posição dos clientes em níveis (bronze, prata e ouro, por exemplo) para gerir melhor os relacionamentos e os custos. Cada nível está associado a determinados privilégios e, portanto, certos custos para a empresa. Com o nivelamento, as empresas também visam aumentar o valor do tempo de vida dos clientes e se concentrar naqueles que são mais valiosos. Eles se sentem valorizados ao receber serviços melhores por atingirem uma posição mais elevada. Como o valor do tempo de vida e os custos do atendimento podem ser estimados, as empresas têm condição de medir a rentabilidade de cada cliente.

Por exemplo, a Sephora, uma rede francesa de lojas de cosméticos, oferece um programa em três níveis. O nível mais baixo chama-se Beauty Insider, que permite a adesão de clientes sem que seja necessária qualquer compra. Mesmo no nível mais baixo, a Sephora oferece um presente de aniversário e aulas de beleza grátis. Para atingir os dois níveis seguintes – VIB (Very Important Beauty Insider) e VIB Rouge –, os clientes precisam consumir determinado valor em produtos da Sephora.

O nivelamento dos clientes também permite às empresas rastrear estruturalmente o progresso de cada cliente em termos de valor monetário e nível de afinidade. No contexto do caminho do consumidor, os níveis de clientes servem como indicadores da posição deles no espectro da *ação* à *apologia*. Quanto maior o nível, mais engajados e mais próximos de se tornarem defensores fiéis os clientes estão. O nivelamento, portanto, permite às empresas identificar os clientes mais ativos e entusiasmados e convertê-los em defensores.

Para motivar os clientes e controlar os custos de forma contínua, algumas empresas aplicam um mecanismo de penalidade pelo qual os clientes podem descer de nível ou até ser desligados. A penalidade acontece, por exemplo, quando os clientes ficam inativos por um dado período, não atingem certo limiar de pontos exigido ou têm pontos expirados. Esse mecanismo da gamificação é opcional para as empresas, dependendo das características dos clientes e da estrutura de custos dos programas.

Passo 3: Definir o reconhecimento e as recompensas

O próximo passo é determinar os privilégios e recompensas aos quais os clientes terão direito dentro de cada nível. Um bom privilégio é ter acesso exclusivo a algo que não esteja disponível sem a inscrição no programa e que seja oferecido apenas aos clientes de um nível específico. Pode ser o acesso a ofertas de produtos *premium* ou a descontos. O LendUp, por exemplo, oferece empréstimos com taxas progressivamente menores nos níveis mais altos. Também pode ser o acesso a produtos e serviços exclusivos, como os clientes VIB da Sephora, que conhecem primeiro os produtos novos. Outra possibilidade de privilégio é o acesso a determinada interface com o usuário – por exemplo, uma equipe diferenciada de atendimento ao cliente dedicada àqueles de nível mais alto.

Outra tendência crescente para recompensas segue na direção da gratificação instantânea – recompensas que sejam resgatáveis no ato, sem depender de acumulação. A agência de viagens Orbitz, por exemplo, permite a seus clientes resgatar seus pontos (chamados Orbucks) imediatamente, em forma de reembolso, ou guardá-los para depois. Às vezes a gratificação instantânea é concedida sem um sistema de nivelamento. Um exemplo clássico é o McLanche Feliz do McDonald's, que oferece brinquedos colecionáveis grátis com a compra.

Resumo: Aplicativos, CRM social e gamificação

Para conduzir os consumidores da compra à defesa da marca, os profissionais de marketing precisam de uma série de táticas de engajamento de clientes. Existem três técnicas populares que comprovadamente aumentam o engajamento na era digital. Na primeira, os profissionais de marketing podem usar aplicativos para dispositivos móveis a fim de enriquecer a experiência digital do cliente. Na segunda, eles podem recorrer ao CRM social para envolver os clientes em conversas e fornecer soluções. Por fim, com a terceira tática, podem explorar a gamificação para estimular os conjuntos certos de comportamento nos clientes.

PERGUNTAS PARA REFLEXÃO

- Como os aplicativos, o CRM social e a gamificação podem ajudá-lo a engajar seus clientes?
- Quais são os desafios de executar programas de engajamento dos clientes em sua empresa?

EPÍLOGO

Chegar ao UAU!

Havia um empreendedor no Texas, Jia Jang, que tinha medo de rejeição. Ele tentou várias vezes obter financiamento para sua startup de tecnologia, mas falhou em todas elas. Para superar seu trauma, Jiang decidiu redigir uma lista de 100 pedidos absurdos para enfrentar as rejeições de frente. Depois de alguns dias de sucesso na terapia da rejeição, Jiang se dirigiu à lanchonete Krispy Kreme para uma nova sessão de terapia – só que ali sua missão falhou.

Quando Jiang solicitou uma caixa de donuts com o formato dos anéis olímpicos, Jackie Braun, uma funcionária da Krispy Kreme, fez exatamente o solicitado. Jackie acertou até a sequência das cores. Esperando rejeição e ridículo, em vez disso Jiang recebeu um momento UAU. O vídeo que registrou esse momento (https://www.youtube.com/watch?v=7Ax2CsVbrX0) foi visto mais de 5 milhões de vezes no YouTube. UAU!

O que é um "UAU"?

A partir da história de Jiang, aprendemos que UAU é uma expressão que um cliente profere quando, em uma situação de grande satisfação, fica sem palavras. Aprendemos também que são três as características que constituem um UAU. Primeiro, um UAU é surpreendente. Quando alguém tem certa expectativa mas obtém muito mais, trata-se de um momento UAU. Um desvio de um resultado esperado é o que cria um UAU. Segundo, um UAU é pessoal e só pode ser desencadeado pela pessoa que o experimenta. Se Jiang não tivesse feito um pedido estranho, teria experimentado um serviço normal na Krispy Kreme.

A ansiedade oculta de uma pessoa, quando satisfeita, desencadeará um momento UAU. Infelizmente, nem todos os clientes dizem de forma explícita o que desejam. Por fim, um UAU é *contagiante*. Quem experimenta um momento UAU defenderá e espalhará a boa notícia para muitas outras pessoas. No caso de Jiang, a Krispy Kreme ganhou publicidade grátis, alcançando 5 milhões de pessoas graças ao seu serviço excepcional. O fator UAU não acontece todos os dias em nosso negócio de atender clientes. No entanto, quando surge a oportunidade, sempre vale a pena tirar vantagem de seu efeito viral. Fatores UAU são o que acaba impelindo os clientes para a defesa da marca.

Com base em suas características, parece que o momento UAU acontece por acaso. Será que empresas e marcas podem criar UAU intencionalmente? A resposta é sim.

Em um mundo Marketing 4.0, no qual ótimos produtos e ótimos serviços são mercadorias, o fator UAU é o que diferencia uma marca de suas concorrentes. Empresas e marcas nunca devem deixar o momento UAU ao sabor do acaso. É possível projetar uma estratégia, criar infraestruturas e processos e treinar pessoas para entregarem UAU ao longo dos cinco As.

Satisfaça, experimente, engaje: UAU!

Ao longo do caminho do consumidor, empresas e marcas devem intensificar a criatividade e melhorar a interação com os clientes. Do ponto de vista do cliente, existem três níveis: satisfação, experiência e engajamento.

As empresas e marcas que se concentram na superioridade dos produtos simplesmente fornecerão *satisfação* a seus clientes. Elas se empenham em desenvolver produtos e serviços que apenas atendem às necessidades e aos desejos dos clientes.

Entretanto, aquelas que vão além fornecem aos clientes uma *experiência* fascinante para além dos produtos e serviços. Elas melhoram a interação dos clientes com um plano de serviço e design diferenciado entre as experiências na loja física e no universo digital.

Por fim, aquelas que se dedicam no mais alto nível *engajam* os clientes pessoalmente e permitem que se autorrealizem. Criam a personalização transformadora da vida a partir da experiência do cliente, abordando suas ansiedades e seus desejos.

Você está pronto para o UAU?

Empresas e marcas vencedoras são aquelas que não deixam os momentos UAU para o acaso. Elas criam o UAU intencionalmente. Conduzem os clientes da *consciência* à *defesa da marca*. De forma criativa, estabelecem as interações dos clientes da satisfação à experiência e até ao engajamento. Sua empresa é uma delas?

Agradecimentos

Marketing 4.0 levou seis anos para ser escrito. Nesse período, várias pessoas contribuíram para a realização deste livro. Os autores gostariam de agradecer à equipe WOW na MarkPlus, Inc., que realizou as pesquisas e passou incontáveis horas em *brainstormings* com os autores: Yosanova Savitry, Vendy Chandra, Cecilia Hermanto, Kevin Leonard, Quincy Wongso, Edwin Hardi, Adrian Hudiono, Evita Tania, Shabrina Annisarasyiq, Andre Anggada e Fachriza Prathama.

Gostaríamos de agradecer também aos líderes da MarkPlus, Inc. – O Conselho –, que investiram seus pensamentos e sua energia neste livro: Michael Hermawan, Jacky Mussry, Taufik, Hendra Warsita, Vivie Jericho, Stephanie Hermawan e Ence.

Por último, mas não menos importante, gostaríamos de agradecer à equipe da Wiley – Richard Narramore, Tiffany Colon e Jocelyn Kwiatkowski –, que nos possibilitou compartilhar *Marketing 3.0* e *Marketing 4.0* com o mundo.

CONHEÇA OUTROS TÍTULOS DO AUTOR

Os 10 pecados mortais do marketing

Por que 75% dos novos produtos, serviços e negócios fracassam? E por que as campanhas de marketing já não entregam os mesmos resultados?

Philip Kotler, uma das maiores autoridades no tema, apresenta as respostas neste livro que é um dos guias mais claros e práticos sobre o que fazer (e o que não fazer) quando o assunto é marketing.

A partir de exemplos e insights, ele explica como identificar os sinais de que uma empresa está cometendo um dos *10 pecados mortais do marketing* e compartilha as melhores soluções para superar o problema.

Você vai aprender a manter o foco no mercado e no cliente, acompanhar a concorrência, gerenciar relacionamentos, desenvolver planos de marketing eficazes, construir marcas fortes e aproveitar ao máximo a tecnologia disponível.

E, o mais importante, entenderá que o verdadeiro papel do marketing é identificar oportunidades e criar estratégias de negócios com foco em resultados.

Marketing 5.0

Com sua habilidade de tornar os grandes temas do marketing claros para o grande público, Philip Kotler mostra neste livro como as novas tecnologias podem criar valor, atender às necessidades dos clientes e fazer a diferença no mundo.

Atento às transformações sociais e tecnológicas da última década, ele explica como integrar a evolução digital às drásticas mudanças de comportamento dos consumidores, tratando de temas como o futuro da experiência do cliente, inteligência artificial para automação de marketing e ativismo corporativo.

Enfocando as consequências do desequilíbrio na distribuição da riqueza, do abismo entre as gerações e do fosso digital entre diferentes grupos, este livro nos ajuda a entender as imensas oportunidades, bem como os riscos, que o futuro apresenta para as organizações e o mundo.

Em um estilo conciso e direto, Kotler oferece recomendações práticas, exemplos de empresas de diversos segmentos e reflexões excepcionais sobre os desafios tecnológicos – e sobretudo humanos – que as empresas devem encarar.

8 ESTRATÉGIAS DE MARKETING PARA CRESCER

O guru do marketing Philip Kotler e o estrategista Milton Kotler ensinam como sobreviver a uma economia difícil

Para conquistar novos clientes em um mundo cheio de desafios, é fundamental usar estratégias de marketing criativas.

Neste livro, Philip e Milton Kotler explicam, na linguagem clara e acessível de sempre, nove megatendências que trarão novas oportunidades nos próximos anos. Entre elas estão a redistribuição mundial de riqueza, a urbanização contínua, a aceleração da economia verde global e os valores sociais em rápida transformação.

Faça seu negócio crescer adotando estas 8 estratégias comprovadamente eficazes:

- Fortaleça sua participação de mercado.
- Crie consumidores e parceiros fiéis.
- Desenvolva uma marca poderosa.
- Inove em produtos, serviços e experiências.
- Expanda-se internacionalmente.
- Amplie seu alcance através de fusões, aquisições, alianças e *joint ventures.*
- Construa uma excelente reputação de responsabilidade social.
- Faça parcerias com governos e ONGs.

CONHEÇA OS LIVROS DE PHILIP KOTLER

Marketing 4.0

Os 10 pecados mortais do marketing

Marketing 5.0

8 estratégias de marketing para crescer

Marketing empreendedor